Alex Bieli Ruedi Fricker Katrin Lyrén

Deutsch Kompaktwissen

Band 1

- Wortlehre
- Satzlehre
- Grammatik
- Rechtschreibung
- Zeichensetzung

Deutsch Kompaktwissen – Lösungsbuch
ISBN 978-3-03905-352-0

Alex Bieli, Ruedi Fricker, Katrin Lyrén

Deutsch Kompaktwissen

Band 1

Wortlehre, Satzlehre, Grammatik, Rechtschreibung, Zeichensetzung

ISBN 978-3-03905-562-3

Gestaltung/Umschlag: Atelier Kurt Bläuer, Bern

Bibliografische Information der Deutschen Bibliothek.
Die Deutsche Bibliothek verzeichnet diese Publikation in der Deutschen Nationalbibliografie; detaillierte bibliografische Angaben sind im Internet unter http://dnb.ddb.de abrufbar.

4. Auflage 2009

hep verlag ag
Brunngasse 36
CH–3011 Bern

www.hep-verlag.ch

Inhaltsverzeichnis

Sprachlich auf sicheren Füssen

Die Sprache ist die Grundlage unserer kulturellen Entwicklung; ein faszinierendes, hoch komplexes System für den Austausch von Gedanken und Ideen unter uns Menschen. Nicht nur die schriftliche und mündliche Kommunikation, auch unser Denken geschieht sprachlich. Heute entscheidet die Sprachkompetenz oft über gesellschaftliches Ansehen, privaten und beruflichen Erfolg. Daher ist es nur folgerichtig, dass die Sprachförderung und Sprachpflege im schulischen Unterricht sowie in der beruflichen Aus- und Weiterbildung eine zentrale Stellung einnimmt. Trotzdem: Viele stehen – aus welchen Gründen auch immer – mit ihrer Muttersprache «auf Kriegsfuss». Gleichzeitig ist es ein vielfach geäussertes Anliegen, die hochdeutsche Sprache nicht mehr länger als Fremdsprache zu empfinden und sie so gut zu beherrschen, dass man sich in der alltäglichen schriftlichen und mündlichen Anwendung sicher fühlt. Das vorliegende Lehr- und Übungswerk kann zur Erfüllung dieses Wunsches einen Beitrag leisten.

Was ist der Inhalt des Buches?

Sie finden in diesem Buch die **Grundlagen** der formalen Sprachbereiche: Laut- und Wortlehre, Rechtschreibung, Satzlehre, Zeichensetzung, Grammatik. Dabei haben wir wenn immer möglich auf Spitzfindigkeiten, Spezialfälle, Ausnahmen von Ausnahmefällen usf. verzichtet. Das Buch soll schliesslich klären und nicht verwirren.
Die **Übungen** enthalten realistische Beispiele und gehen auf Fehler ein, die in der Praxis häufig vorkommen. Die meisten Aufgaben können einzeln oder zu zweit gelöst werden; einige davon eignen sich auch für kleinere Projekt- oder Gruppenarbeiten.
Im **Anhang** finden Sie Platz für eigene Kurzzusammenfassungen sowie für das Erstellen einer individuellen Wörterliste. Und zum Nachschlagen ist ein Verzeichnis mit wichtigen grammatikalischen Fachbegriffen beigefügt.

Wie ist das Lehrmittel aufgebaut?

Durch unsere langjährige Unterrichtserfahrung wissen wir, dass viele Lernende einen klaren Aufbau und übersichtliche Darstellungsformen schätzen. Das Buch ist in diesem Sinne **systematisch gegliedert**: Es beginnt mit den kleinsten Spracheinheiten, den Lauten und Buchstaben, geht über zum Wort und endet mit den längeren und komplexeren Strukturen des Satzes. Auch die einzelnen Kapitel haben eine einfache, übersichtliche Struktur: Jedem Thema ist jeweils eine **Doppelseite** gewidmet; auf der linken Seite finden Sie jeweils die Theorieübersicht, auf der rechten die praktische Anwendung mit den Übungen.

Wie mit dem Buch arbeiten?

Der Aufbau lässt verschiedene Arbeitsweisen zu. Sie können das Buch vom Anfang bis zum Schluss Seite für Seite durcharbeiten. Davon ist jedoch eher abzuraten, denn aus der Lernpsychologie weiss man, dass abwechslungsreiches Lernen in «kleinen Portionen» viel effektiver und effizienter ist. Daher ist es besser, wenn Sie sich gezielt einzelne Kapitel herauspflücken und diese ruhig und konzentriert durcharbeiten.

An wen richtet sich das Lehrmittel?

Beim Zusammentragen des theoretischen Basiswissens und beim Erstellen der Übungen hatten wir in erster Linie Lernende in der **beruflichen Aus- und Weiterbildung** vor Augen. Das Lehrmittel eignet sich für den Klassenunterricht, aber auch zur individuellen Bearbeitung im Sinne einer Ergänzung und Vertiefung von bereits Gelerntem. Zudem kann es als Nachschlagewerk dienen.
Zusammen mit dem Lösungsheft können wir das Buch auch all jenen empfehlen, die ihre Grundkenntnisse im privaten **Selbststudium** auffrischen, festigen und vertiefen wollen.

Was es zusätzlich braucht

Für die Weiterentwicklung der Sprachkompetenz braucht es nebst den theoretischen Grundlagen eine ständige Beschäftigung mit den vielfältigen Formen der mündlichen und schriftlichen Äusserungen und deren Anwendung im alltäglichen privaten und beruflichen Leben. So werden Sie auch weiterhin sprachlich auf sicheren Füssen stehen.

Das Autorenteam: **Alex Bieli, Ruedi Fricker, Katrin Lyrén**

Laute und Buchstaben

Die Sprache ist ein komplexes Gebilde, bestehend aus Buchstaben, Lauten, Wörtern und Sätzen. Dabei haben die Einzelwörter eine zentrale Bedeutung; sie sind nämlich die kleinsten selbstständigen und bedeutungstragenden Einheiten der Sprache. Diese wiederum werden gebildet aus einer Kombination von Lauten beziehungsweise Buchstaben. Daher befassen wir uns zuerst mit diesen beiden wichtigen Teilchen des Sprachsystems.

Das Zeichensystem

Jede Kultur hat irgendeinmal damit begonnen, die gesprochenen Wörter in einer schriftlichen Form festzuhalten. Dazu musste ein **System von Zeichen** entwickelt werden. In unserer Sprachgemeinschaft benützen wir für die schriftliche Wiedergabe der Laute das so genannte **Alphabet mit 26 Zeichen**, allgemein bekannt als das «Abc». Die 26 Buchstaben bilden den Kern unseres Schriftsystems. Wenn man sie in eine bestimmte Reihenfolge setzt, erhalten wir Wörter, so zum Beispiel: l + e + s + e + n (lesen). Mit ganz kleinen Veränderungen kann man neue Begriffe schaffen: l + e + **b** + e + n (leben), **b** + e + b + e + n (beben) usw. Die Kombinationsmöglichkeiten sind riesig, jedoch ergibt nicht jede Kombination auch einen Sinn. Zusammensetzungen wie d + a + b oder w + u + k + i tönen zwar fantasievoll, für die Kommunikation sind sie jedoch wertlos – zumindest in der deutschen Sprache.

Ein Vergleich mit dem neugriechischen Alphabet macht die **Willkürlichkeit**, also die Zufälligkeit der Laut-Buchstaben-Zuordnung bewusst. Wer Neugriechisch lernen will, muss zuerst eine zum Teil völlig unterschiedliche Laut-Buchstaben-Zuordnung, also ein neues Alphabet lernen. Beim ersten Buchstaben gibt es noch keine Probleme: Das A entspricht wie bei uns dem Laut /a /. Beim B wird es schon heikel, es wird nämlich als /w / ausgesprochen, das H als /i /, das P als /r /. E, K, M, N und T sind dann wieder gleich oder ähnlich wie im Deutschen. Wenn Sie für Ihre nächste Ferienreise eine griechische Insel ausgewählt haben und beim Flughafen das Wort KPHTH entdecken, sind Sie auf / kriti/, auf Kreta, gelandet.

Zurück zu unserem System. Mit den 26 Buchstaben unseres Alphabets können wir nicht alle Laute wiedergeben. So gibt es keine Einzelbuchstaben für den sch-Laut oder den ch-Laut. Diese Laute werden mit **Buchstabenkombinationen** dargestellt, mit s + c + h und mit c + h. Der Grund für dieses Missverhältnis von Lauten und Buchstaben liegt darin, dass unser Alphabet vor über tausend Jahren vom Latein übernommen wurde, also nicht speziell für die deutsche Sprache geschaffen worden ist.

Vokale und Konsonanten

Es gibt eine grundsätzliche Unterscheidung der Laute: **Vokale** und **Konsonanten**. Bei den Vokalen a /e /i /o /u kann die Atemluft ungehindert durch den Mund strömen, sie tragen sich selbst; daher werden sie auch Selbstlaute genannt. Zu den Vokalen zählt man auch die Umlaute ä / ö / ü und die Diphthonge (Doppellaute oder Zwielaute) ei / ai / au / äu / eu.

Bei den Konsonanten wird die ausströmende Luft zeitweise gehemmt oder sogar angehalten. Zudem müssen Konsonanten immer durch einen Vokal gestützt werden, daher heissen sie auch Mitlaute. Beispiele: b = be / c = ce / d = de / f = ef / g = ge usw.

Weitere Unterscheidungen sind: Anlaut (**A**bend), Inlaut (k**a**lt) und Auslaut (Aren**a**); geschlossene Vokale (N**e**bel) und offene Vokale (M**ä**nner); lange Vokale (R**ie**se) und kurze Vokale (R**i**sse); stimmhafte (Ro**s**e) und stimmlose Konsonanten (Ka**ss**e).

Diese kurze Laut- und Buchstabenlehre soll unter anderem auch dazu dienen, die Rechtschreiberegeln, die ab und zu auch studierten Germanisten auf den ersten Blick nicht immer logisch zu sein scheinen, ein wenig besser zu verstehen.

Übung 1

Notieren Sie je etwa 10 männliche und weibliche Vornamen. Vergleichen Sie das Verhältnis zwischen Vokalen und Konsonanten. Was stellen Sie fest?

Übung 2

Bilden Sie mit den gegebenen Buchstaben so viele Wörter wie möglich. Sie können einzelne Buchstaben auch mehrfach verwenden.

Buchstabengruppe A: a e o f b d m n r z

Buchstabengruppe B: i y u p v c h s t x

Übung 3

Ersetzen Sie jeweils nur einen Buchstaben an der gleichen Stelle, so dass ein neues Wort entsteht.
Beispiele: **M**atte – **W**atte; schrei**b**en – schrei**t**en

Laus	....	spuren	....
Seite	....	loben	....
Kahn	....	beten	....
Gabel	....	müssen	....
Nabel	....	kalt	....
Leute	....	lustig	....
Sonne	....	kaum	....
Wein	....	viel	....
Ende	....	seit	....

Vergleichen Sie Ihre Lösungen mit anderen und erfinden Sie weitere Beispiele.

Übung 4

Bilden Sie mit den beiden gegebenen Wörtern eine Kette, indem Sie jeweils mit dem letzten Buchstaben ein neues Wort beginnen. Beispiel: Wasse**r**enne**n**acht …

4.1 Wolken ....

4.2 Nachmittag ....

Übung 5

Erklären Sie den Unterschied zwischen:

Weise/Waise	Hüte/Hütte	Saal/Säle
Leib/Laib	Bett/Beet	seelisch/selig
Seite/Saite	Dorf/Torf	beten/betten
Lehre/Leere	Deich/Teich	Mal/Mahl
Lied/Lid	Lerche/Lärche	malen/mahlen
Miene/Mine	Heide/Heidi	seit/seid
Stiel/Stil	Vorname/Nachnahme	wieder/wider
Rate/Ratte	Städte/Stätte	

Silben

Die Silben sind die kleinsten Lautgruppen oder Buchstabenverbindungen, aus denen sich ganze Wörter aufbauen lassen. Der Grundbestandteil ist immer ein Vokal (ver-/-lich). In der Regel kann eine Silbe nicht als selbstständiges Wort, sondern nur als Bestandteil eines Wortes gebraucht werden.

Silbentypen

Man unterscheidet die drei folgenden Silbentypen:

Vorsilbe	lat. Präfix: «das vorne Angeheftete»: be-herrschen, zer-brechen, ent-gleisen, er-schwinglich
Nachsilbe	lat. Suffix: «das hinten Angeheftete»: freund-lich, Land-ung, Feig-heit, erfolg-los
Stammsilbe	Sie ist der wichtigste Bestandteil des Wortes und bestimmt die Bedeutung. be-sieg-en, ver-rost-en, zer-brech-en, ver-staat-lichen, ver-bind-lich, mod-isch

Ableitungen und Zusammensetzungen

Wörter können also gebildet werden, indem man einer Stammsilbe vorn oder hinten Elemente (Präfixe, Suffixe) anhängt. Diese Form der Wortbildung nennt man Ableitung.
Diese Wortbildungsform muss man von der Wortbildung durch Zusammensetzung unterscheiden. Eine Wortzusammensetzung besteht immer aus zwei oder mehreren eigenständigen Wörtern. Beispiele: Hand + Tuch (Handtuch), Glas + Kugel (Glaskugel), alt + Bau (Altbau), schweigen + Pflicht (Schweigepflicht), Hilfe + bereit (hilfsbereit), hoch + Druck + Gebiet (Hochdruckgebiet).

Beispiele Ableitungen

un + möglich: unmöglich
zer + stören: zerstören
klar + heit: Klarheit
gefangen + schaft: Gefangenschaft
Land + lich: ländlich
liefern + bar: lieferbar

Bäcker + ei: Bäckerei
ur + Sprung: Ursprung
feige + ling: Feigling
Stadt + isch: städtisch
Erfolg + los: erfolglos
Schüler + in: Schülerin

miss + raten: missraten
un + höflich + keit: Unhöflichkeit
ver + Film + ung: Verfilmung
be + straf + ung: Bestrafung

Die Endsilbe -in für weibliche Personenbezeichnungen

Bei den meisten Personenbezeichnungen ist die Bildung der weiblichen Form problemlos möglich, z. B. Schülerin, Studentin, Fahrerin, Ärztin, Matrosin, Politikerin, Redaktorin. Wenn die männliche Bezeichnung auf -erer endet, wird in Kombination mit -in meist ein -er weggelassen: Zauberer/Zauberin.
Bei Zusammensetzungen mit -mann muss die weibliche Form mit -frau gebildet werden, z. B. Fachmann/Fachfrau, Kaufmann/Kauffrau. Bei geschlechtsneutralen Begriffen wie Kind, Person, Mitglied wird die Endung -in nicht gebraucht.

Trennung

Wörter werden grundsätzlich nach Sprechsilben getrennt. Setzen Sie also den Trennstrich dort, wo Sie beim langsamen Aussprechen des Wortes eine kurze Pause machen: be-grei-fen, An-ord-nung, ver-dop-peln, un-ver-zicht-bar, ab-ge-macht, Ge-dan-ken-über-tra-gung. Diese Beispiele zeigen, dass die Vorsilbe immer als Einheit abgetrennt wird. Stammsilbe und Endsilbe können zergliedert werden.
Bei der Trennung sollte auch auf Lesbarkeit und Bedeutung des Wortes geachtet werden. Also nicht: bein-halten, Spargel-der, Visage-suche oder Staat-sex-amen (Staatsexamen).

Tipp: Bei Unsicherheit die Trennung vermeiden oder im Wörterbuch nachschlagen.

Übung 1

Bilden Sie so viele Wörter wie möglich mit folgenden Vorsilben.

1.1 be- ....

....

1.2 un- ....

....

Übung 2

Bilden Sie so viele Wörter wie möglich mit folgenden Nachsilben.

2.1 -lich ....

....

2.2 -heit ....

....

Übung 3

Gehen Sie von den gegebenen Stammsilben aus und bilden Sie durch die Ergänzung mit Vor- und Nachsilben neue Wörter. Diskutieren Sie anschliessend die unterschiedlichen Wortbedeutungen.

3.1 -mach- ....

....

3.2 -fahr- ....

....

3.3. -zieh- ....

....

Erfinden Sie weitere Beispiele.

Übung 4

Trennen Sie nach Sprechsilben.

Abhandlung, bedienen, Casablanca, Diversifikation, Empfangsbescheinigung, ergreifend, fusionieren, geldgierig, herausstreichen, Inbesitznahme, Kammgarnspinnerei, lebenslustig, Matriarchat, Naherholungsgebiet, Organigramm, parodistisch, quecksilberhaltig, Raumschifffahrt, Schlussabstimmung, Überkapazitäten, Verselbstständigung, Widersprüchlichkeit, Zylinderglas.

....

....

....

....

....

....

....

....

....

....

....

Wortform und Wortinhalt

Mit der Sprache hat sich der Mensch als einziges Lebewesen eine Möglichkeit geschaffen, sich unabhängig von Zeit und Ort auf all das zu beziehen, was sich in der Welt beobachten, erfahren und bedenken lässt. So können wir zum Beispiel sehr detailliert und differenziert über den Mond reden, auch wenn dieser weit und breit nicht zu sehen ist.
Die Sprache ist jedoch kein statisches System. Wie die Welt um uns verändert sich auch die Sprache ständig. Laufend entstehen neue Wörter und andere verschwinden aus unserem aktiven Wortschatz. Begriffe wie *Handy, smslen, fooden, boarden, Strichkampf* (beim Sport) sind Neuschöpfungen. Wörter wie *Fehde* (Streit), *Gant* (öffentliche Versteigerung), *Miederwaren* (Unterwäsche für Frauen), *Stiefelknecht* (Gerät zum Ausziehen der Stiefel) oder *alsogleich* (sogleich) kennen viele nicht mehr. Andere Wörter hingegen haben eine Wiederbelebung erfahren: Beim Wort *Speicher* denken wir sofort an den Computer und nicht etwa an eine Vorratskammer; bei *Ampel* an eine Strassenkreuzung und nicht an die ursprünglich gemeinte Öllampe.
Insgesamt nimmt der Wortschatz zu. Die 16. Auflage des Rechtschreibe-Dudens von 1968 umfasste erst rund 91 000 Wörter; die 21. Auflage von 1996 bereits über 125 000; eine Zunahme von mehr als 30 Prozent innerhalb von knapp 30 Jahren.

Was ist ein Wort?

Zuerst ist ein Wort einmal ein **Zeichen in sprachlicher Form**, mit dem wir Menschen uns verständigen können. Aus dem Kapitel «Laute und Buchstaben» wissen wir, dass diese Sprachzeichen mit 26 Einzelelementen, den Buchstaben, geformt werden. Im Gegensatz zu einem Handzeichen (zum Beispiel das Ausstrecken des Armes bei einer Richtungsänderung mit dem Fahrrad) oder den Hinweisbildern auf einem Flughafen sind Wörter **sehr abstrakte Verständigungsformen**, die entschlüsselt werden müssen, denn zwischen der Form des Zeichens und seinem Inhalt besteht fast nie ein innerer Zusammenhang. So hat die Buchstabenkombination B + A + U + M überhaupt nichts mit dem Wesen und der Form des wirklichen Gegenstands zu tun. Die Beziehung zwischen der Sprachform «BAUM» und dem gemeinten Gegenstand ist eine rein willkürliche. Ein Vergleich mit anderen Sprachen macht diese **Willkürlichkeit** deutlich. Um auf den gleichen Gegenstand (Baum) hinzuweisen, brauchen die Franzosen die Buchstabenfolge A + R + B + R + E (arbre), die Italiener A + L + B + E + R + O (albero), im Englischen ist es T + R + E + E und im Neugriechischen Δ + E + N + T + P + O (dentro).
Nur bei so genannt lautmalerischen Wörtern besteht ein gewisser Zusammenhang zwischen Form und Inhalt: Kuckuck, quietschen, flutschen, miauen. Doch auch hier gibt es Unterschiede von Sprache zu Sprache: kikeriki (deutsch), güggerügü (schweizerdeutsch), cock-a-doodle-doo (englisch), cocorico (französisch), kukareku (russisch).

Definition

Wörter sind also abstrakte sprachliche Zeichen, die auf etwas in der Welt hinweisen. Um zu wissen, worauf sich ein sprachliches Zeichen bezieht, muss man seine Bedeutung gelernt haben, das heisst, die Zuordnung von Wortform und Wortinhalt muss bekannt sein. Je mehr Wörter wir kennen, desto differenzierter können wir mit anderen Menschen über die Welt reden. Dies wird einem vor allem bewusst, wenn man sich in einem Land aufhält, dessen Sprache man nicht oder nur schwach beherrscht.

Übung 1

Stellen Sie eine Liste von etwa 20 Wörtern zusammen, von denen Sie annehmen, dass diese zur Jugendzeit Ihrer Grosseltern noch nicht existiert haben.

Übung 2

Suchen Sie in einem Wörterbuch nach deutschen Wörtern, die heute als veraltet gelten oder deren Bedeutung man gar nicht mehr kennt (Beispiel: Gevatter = Taufpate, Götti).

Übung 3

Untersuchen Sie mit Hilfe eines etymologischen Wörterbuchs (Herkunftswörterbuch) den Bedeutungswandel folgender Begriffe: Weib, Frau, Fräulein, Hochzeit, Gift, billig, geil.

Übung 4

Eine spielerische, aber anspruchsvolle Übung. Erfinden Sie eine Geheimsprache, indem Sie zuerst völlig neue Buchstabenkombinationen erfinden und diesen anschliessend Inhalte zuordnen. Beispiel: «gebasot» heisst Mensch; «lawi» = denken usw.
Schreiben Sie nun mit den neuen Formen einfache Aussagesätze und lesen Sie diese den anderen vor. Diskutieren Sie anschliessend die Auswirkungen in Bezug auf die gegenseitige Kommunikation.

Zusammensetzungen

Wie entstehen neue Wörter?

Für die Wortbildung gibt es drei wichtige Verfahren:
> **die Ableitung** (siehe Kapitel «Silben», Seite 8)
> **die Zusammensetzungen** (Garten-Haus)
> **die Bildung von Kurzwörtern** («Auto» für Automobil)

Wortbildung durch Zusammensetzungen (lat. Komposita, Einzahl: das Kompositum)

Die Möglichkeiten der Wortbildung durch Zusammensetzung von bereits bestehenden selbstständigen Wörtern sind fast unbegrenzt. Aus Gründen der Verständlichkeit ist jedoch die Anzahl der Einzelteile limitiert. So kann man das Wort «Verkaufsförderungsmassnahmenkatalog» noch einigermassen erfassen. Bei «Drogenlegalisierungsgesetzesentwurfsvorbereitungskommission» wird es schon schwieriger. Daher sollten solche «Schlangen-Wörter» wenn immer möglich vermieden werden.
Die einfachste Zusammensetzung besteht aus zwei Wörtern, zum Beispiel «Büro» und «Stuhl» (Bürostuhl). Zwischen den beiden Teilen besteht eine Beziehung. In der Regel bestimmt oder beschreibt das erste Glied das zweite; daher wird es **Bestimmungswort** genannt. Das zweite Glied ist das so genannte **Grundwort**. In unserem Beispiel meinen wir also einen Stuhl (Grundwort), der speziell für die Büroarbeit hergestellt wurde (Bestimmung). Selbstverständlich könnte auch ein Gartenstuhl als Bürostuhl gebraucht werden. In diesem Fall würde man die ursprüngliche Funktion des Stuhls und den Standort verändern. Sprachlich genau müsste man in diesem Fall von einem «Gartenstuhl, der als Bürostuhl verwendet wird» sprechen.

Verschiedene Arten von Zusammensetzungen

Bestimmungswort	Grundwort	Neuer Begriff
Direkte Verbindungen		
Gewitter	Wolken	Gewitterwolken: Wolken, die ein Gewitter ankündigen
Abend	Dämmerung	Abenddämmerung: Eindunkeln am Abend
Wald	Rand	Waldrand: Rand des Waldes
Bilder	Buch	Bilderbuch: Buch mit Bildern
Verbindungen mit Fugenelementen		
Hund	Leben	Hundeleben: ein Leben wie das eines Hundes
Mensch	Freund	Menschenfreund: ein Freund der Menschen
Leben	Freude	Lebensfreude: Freude am Leben
Sieg	Preis	Siegespreis: Preis für den Sieg
Andere Verbindungen		
rot	Licht	Rotlicht: rotes Signal bei einer Ampel
Hilfe	bereit	hilfsbereit: bereit sein, Hilfe zu leisten
schwimmen	Bad	Schwimmbad: Bad, wo man schwimmen kann
turnen	Lehrerin	Turnlehrerin: Lehrerin, die Turnen unterrichtet

Bei mehrteiligen Zusammensetzungen kann entweder das Grundwort oder das Bestimmungswort bereits eine Komposition sein.

Nahrungsmittel	Laden	Nahrungsmittelladen (Nahrungsmittel-Laden)
Nahrungsmittel	Ladenkette	Nahrungsmittelladenkette (Nahrungsmittel-Ladenkette)

Aufpassen muss man bei Zusammensetzungen wie:
Stammbaum/Baumstamm; Laientheater/Theaterlaien; Quellwasser/Wasserquelle; Sandwüste/Wüstensand.
Die Wortbedeutung wird auch hier durch das Grundwort bestimmt.

Übung 1

Bilden Sie neue Begriffe, indem Sie die gegebenen Wörter mit anderen Elementen ergänzen, wobei das gegebene Wort jeweils 5-mal als Grundwort und 5-mal als Bestimmungswort vorkommt.

1.1 Arbeit ....

....

1.2 Haus ....

....

Übung 2

Schreiben Sie das Wort als Ganzes und setzen Sie dabei die nötigen Fugenelemente ein. Achten Sie auf die Rechtschreibung.

Kind – freundlich ....

Seite – verkehrt ....

Rettung – Versuch ....

Beruf – Schule ....

Ausbildung – Programm ....

Tag – Licht ....

Jahr – Zeit ....

Liebe – Kummer ....

Aktion – unfähig ....

Vorschrift – gemäss ....

Sicherheit – halber ....

Freiheit – liebend ....

Übung 3

Erfinden Sie selber so genannte «Schlangen-Wörter» mit vier und mehr Bestandteilen. Achten Sie darauf, dass die Begriffe inhaltlich noch einen Sinn ergeben.

Übung 4

Setzen Sie ein Wort ein, das in Verbindung mit dem ersten Teil als Grundwort und in Verbindung mit dem zweiten Teil als Bestimmungswort dient. Ab und zu braucht es Fugenelemente:
Erholung/**s** – Oase/**n** – Landschaft

4.1 Fuss .... Heizung

4.2 Papier .... Meldung

4.3 Fenster .... Tür

4.4 Staat .... Wahl

4.5 Hand .... Berechnung

4.6 Wald .... Erfahrung

4.7 Hilfe .... Auftrag

4.8 Sucht .... Station

4.9 Auto .... Lärm

4.10 Sport .... Beratung

4.11 Abfall .... Gebühr

4.12 Bildung .... Volumen

Übung 5

Auto ist die Abkürzung für *Automobil*, *Kilo* steht für *Kilogramm* und *Muki-Turnen* für *Mutter-Kind-Turnen*. Daneben gibt es in unserer Alltagssprache viele so genannte Buchstabenwörter wie *Pkw* für *Personenkraftwagen*. Stellen Sie eine Liste von allgemein bekannten Abkürzungen und Buchstabenwörtern zusammen.

....

....

....

....

....

Wortbedeutung und Stilschichten

An einer Party in Berlin. Der deutsche Gastgeber begrüsst einen englischen Gast. Small Talk in Deutsch. Der Gastgeber zeigt sich erstaunt über die guten Deutschkenntnisse des Engländers und macht ihm dafür Komplimente. Dieser freut sich, schränkt jedoch ein, dass er in der deutschen Sprache noch nicht sattelfest sei. So verstehe er zum Beispiel den kürzlich gehörten Ausdruck «Schwein haben» noch nicht ganz. Dies bedeute so viel wie «Glück haben», erklärt der Deutsche. – Ein wenig später: «Ah! Da kommt meine Frau. Haben Sie sie schon getroffen?», fragt der Gastgeber seinen englischen Gesprächspartner. Dieser antwortet in fast akzentfreiem Deutsch: «Nein, dieses Schwein habe ich noch nicht gehabt.»

Denotative und konnotative Bedeutung

Dieser Witz macht deutlich: Wenn ein und dasselbe Wort verschiedene Bedeutungen hat, kann es bei der Anwendung zu peinlichen Situationen kommen. Wie beim Wort «Schwein» kann man auch bei anderen Ausdrücken zwei Bedeutungsebenen unterscheiden: die denotative Bedeutung (denotativ = von lat. «deutlich kennzeichnen») und die konnotative Bedeutung (konnotativ = von lat. «mitmeinen»).
Beispiel: «Schauspieler»
> denotative Bedeutung = künstlerischer Beruf
> konnotative Bedeutung = jemand, der sich verstellt, etwas vormacht

Die Denotation ist immer der Kern einer Wortbedeutung; die Konnotation ist die zusätzliche Bedeutung, sozusagen der Nebensinn eines Wortes. Beispiele für Ausdrücke mit allgemein bekannten Nebenbedeutungen: Kohle, Flasche, abstauben, spinnen u. a. oder Tiernamen, z. B. Affe, Schwein, Esel, Kuh. Meistens hat die konnotative Bedeutung einen negativen Beigeschmack. Die Verwendung solcher Ausdrücke muss also wohl überlegt sein. In diesem Zusammenhang sei hier kurz auf die verschiedenen Stilschichten hingewiesen.

Übersicht Stilebenen

Stilschicht	Merkmale	Beispiel «Vater»	Beispiel «essen»
gehobene, gepflegte Ausdrucksweise	feierlich, pathetisch, z. T. poetisch	Erzeuger Schöpfer	tafeln dinieren
Fachsprache Amtssprache «Papierdeutsch»	amtlich, kühl, steif, formell, offiziell	männlicher, erziehungsberechtigter Elternteil	(sich) verköstigen Nahrung aufnehmen
Standard-Sprache	sachlich, neutral	Vater	essen
Umgangssprache	privat, emotional, z. T. salopp	Papa, Papi Paps u. a.	essen fooden, mampfen
Gassensprache, «Slang»	derb, hart, aggressiv, z. T. vulgär	der Alte u. a.	fressen hinunterwürgen u. a.

Selbstverständlich ist die Zuordnung zu den verschiedenen Stilebenen nicht immer eindeutig. Sie hängt ab vom eigenen Sprachempfinden, vom gesellschaftlichen und sozialen Umfeld und auch vom Dialekt. So gilt der Mundartausdruck «Gring» im Berner Dialekt durchaus als gesellschaftlich anerkannte Ausdrucksweise für «Kopf» und das Wort «huere» oder «hüere» verwendet man in der Innerschweiz häufig als Verstärkungswort, zum Beispiel «äs hüere güets Velo».

Übung 1

Erzählen Sie einen Witz oder erfinden Sie selber einen, der mit Doppelbedeutungen von Ausdrücken spielt.

Übung 2

Unterscheiden und beschreiben Sie bei den folgenden zehn Wörtern die denotative und die konnotative Bedeutung.

Birne ....
Theater ....
Zwerg ....
Fuchs ....
Hund ....
Bohnenstange ....
angeben ....
anmachen ....
schmieren ....
ausräumen ....
klatschen ....
spicken ....

Übung 3

Ordnen Sie folgende Ausdrücke den fünf Stilschichten zu.

Zimmer ....
Raum ....
Gemach ....
Loch ....
Bude ....
Spross ....
Knabe ....
Gof ....
Bub ....
männlicher Nachkomme ....

Bestimmen Sie nun selber ein Thema und suchen Sie dazu verschiedene Ausdrücke mit ähnlicher Bedeutung; es können auch Mundartwörter sein. Ordnen Sie die Wörter den fünf Stilschichten zu.

Übung 4

Untersuchen Sie verschiedene Tageszeitungen und/oder Zeitschriften in Bezug auf den Wortschatz. Beschreiben und vergleichen Sie anschliessend die unterschiedlichen Stilebenen.

Übung 5

Schreiben Sie den gegebenen Text in folgende zwei Fassungen um:

A stilistisch «erhöht» oder «überhöht»

B stilistisch auf tieferem Niveau, jedoch nicht vulgär.

«Für dich würde ich einen Stern vom Himmel klauen und das Meer überqueren, nur um dich zu umarmen. Er, 35/185, sehr guter Beruf, treu, zuverlässig und ehrlich, sucht natürliche, liebevolle Sie. Ich mag die Berge, das Meer, Fremdsprachen, Konzert-, Kino- und Theaterbesuche und hoffentlich bald auch dich. Hast du auch das Alleinsein satt und träumst von einer eigenen Familie mit Kindern? Dann solltest du nicht zögern, mir zu schreiben!»

Übung 6

A Diskutieren Sie darüber, welche Stilformen Sie bei SMS-Texten und E-Mail-Nachrichten vorzugsweise benützen.

B Beschreiben Sie den sprachlichen Unterschied zwischen dem privaten und dem geschäftlichen Briefverkehr.

Wortfamilie und Wortfeld

Wortfamilie

Nicht nur bei den Menschen, auch bei Wörtern gibt es verwandtschaftliche Beziehungen. So sprechen wir bei Wörtern, die den gleichen Wortstamm haben, von einer Wortfamilie. Die «Verwandtschaft» bezieht sich dabei nur auf die gemeinsame Herkunft, nicht aber auf den Wortinhalt, denn durch Ableitungen (siehe Seite 8) und Zusammensetzungen (siehe Seite 12) entstehen neue Begriffe mit sehr unterschiedlicher Bedeutung. So gehören die drei Wörter *verstellen*, *bestellen* und *hinstellen* wegen des gemeinsamen Wortstamms zur gleichen Wortfamilie; ihre Wortbedeutung hingegen ist völlig unterschiedlich.

Beispiel *lesen*:
verlesen, belesen, ablesen, auflesen, nachlesen, gelesen
lesbar, leserlich, lesenswert, Lesung, Leser, Vorleser …

Wortfeld

Ein Wortfeld besteht aus inhaltlich verwandten Wörtern oder Wendungen, deren Herkunft sehr unterschiedlich sein kann. So beziehen sich die drei Wörter «Unordnung», «Durcheinander» und «Chaos» auf den (fast) gleichen Sachverhalt; von der Abstammung her gibt es jedoch keine Gemeinsamkeiten. Wörter, bei denen der Sinn und die Bedeutung ähnlich oder sogar deckungsgleich sind, nennt man Synonyme (das Synonym, griech. = bedeutungsgleich).

Beispiel *frech*:
unartig, vorlaut, ausfällig, dreist, unverfroren, unerzogen, flegelhaft, keck …

Synonyme und Antonyme

Beispiele für bedeutungsgleiche Synonyme:
> Adresse = Anschrift
> Krankenhaus = Spital
> Lehrlinge = Stifte = Auszubildende

Beispiele für bedeutungsähnliche Synonyme:
> gehen, schlendern, marschieren, spazieren, trotten, wandern …
> Konflikt, Streit, Auseinandersetzung, Kampf …
> dick, beleibt, korpulent, rundlich, untersetzt, vollschlank …

Antonyme (das Antonym, griech. = das Gegenwort) sind Wörter mit entgegengesetzter Bedeutung.
Beispiele für Antonyme
> Wahrheit ↔ Lüge
> verurteilen ↔ freisprechen
> immer ↔ nie

Wie beim Synonym kann auch hier nicht immer eindeutig festgelegt werden, welches das genaue Gegenwort ist. So kann man sich darüber streiten, ob das Gegenteil von *arbeiten* nun *ausruhen*, *nichts tun*, *faulenzen* oder ....? ist.

Wichtig: Synonyme und Antonyme müssen immer aus derselben Wortart stammen.

Übung 1

Erstellen Sie von folgenden Begriffen eine möglichst umfassende Wortfamilie.

denken ....

reden ....

feiern ....

kaufen ....

Übung 2

Suchen Sie im Wörterbuch (wenn möglich in einem Synonymwörterbuch) 10–15 Begriffe und die dazu passenden Antonyme in der gleichen Wortart.

Übung 3

Welche Begriffe gehören zum gleichen Wortfeld? Unterstreichen Sie.

3.1 Abmachung – Vereinbarung – Bestätigung – Übereinkunft

3.2 Vorortsgebiet – Slums – Zürich – Agglomeration

3.3 Gefängnis – Einzelzelle – Erziehungsanstalt - Knast

3.4 Urteil - Meinung – Ansicht – Einstellung

3.5 nachdenken – hirnen – bedenken – studieren

3.6 leiten – führen – übernehmen – bestimmen

3.7 kritisieren – beanstanden – verurteilen – tadeln

3.8 ängstlich – furchtsam – zurückhaltend – nachdenklich

3.9 modisch – up to date – zeitgemäss – trendig

3.10 anspruchslos – günstig – trivial – bescheiden

Übung 4

Ersetzen Sie die farbigen Wörter durch genauere Ausdrücke. Sie können dabei auch die Satzstrukturen leicht verändern.

Anstandsregeln beim Verfassen von E-Mails: 1. **Machen** Sie immer in der Betreffzeile einen kurzen Hinweis auf den Inhalt. 2. **Machen** Sie zu Beginn des Mails immer eine Anrede. 3. **Machen** Sie nur kurze und klar verständliche Texte. 4. **Machen** Sie keine Mails, wenn Sie verärgert oder wütend sind. 5. Verzichten Sie auf umfangreiche Attachments (grösser als 100 KB); Sie **machen** damit die Abrufzeit nur unnötig lang. 6. Kürzen Sie bei Antwortmails den ursprünglichen Text; lassen Sie nur jene Zeilen stehen, auf die Sie einen Bezug **machen**. 7. Verbreiten Sie keine Massenwerbung (Spams); sie kostet den Empfänger nur Zeit und Geld und **macht** ihm Ärger. 8. **Tun** Sie Ketten-E-Mails sofort in den Papierkorb.

(Aus: K-Tipp Nr. 14 vom 5. September 2001; Text leicht abgeändert und gekürzt.)

Übung 5

Hier wurde manipuliert. Zehn Wörter passen nicht in diesen Wetterbericht.
Versuchen Sie, den Originaltext wiederherzustellen.

Das Wetter heute: Nach einer meistens klaren, aber nicht mehr ganz so kühlen Nacht begegnet uns auch heute schönes und trockenes Wetter – auch wenn vor allem in der vorderen Tageshälfte zeitweise hohe Schleierwolken fortziehen. Mit bis zu 27 Grad im Tiefland und der Nullgradgrenze auf über 4000 Metern wird es wieder hochsommerlich warm. Die Sicht in den Bergen ist dank tiefer Luftbefeuchtung sensationell. Die Absichten: Dienstag und Mittwoch sind ebenfalls sonnig, die Temperaturen steigen weiter an auf 28 bis 32 Grad. Am Mittwochnachmittag zeigen sich über den Bergen grössere Quellenwolken, vereinzelt gibt es isolierte Abendgewitter. Der Donnerstag beginnt schön, am Mittag bilden sich Wolken, die am Nachmittag in den Bergen, abends vermutlich auch im Flachland zu Gewittern überleiten können. Der Freitag ist bewölkt, zeitweise fällt Regen, die Temperaturen fallen leicht zurück.

Oberbegriffe/Unterbegriffe

Je mehr Begriffe wir kennen, desto genauer können wir uns mitteilen und desto präziser wird der Informationsgehalt. Wer in einem Werkzeuggeschäft einen Vierkantschlüssel verlangt, wird schneller zum Ziel kommen, als wenn er einfach einen Schraubenschlüssel, einen Schlüssel, ein Werkzeug oder einfach ein Ding verlangt. Eine Musikerin sieht das Instrument sofort vor ihren Augen, wenn sie das Wort «Tuba» hört, ein Tennisspieler kann sich unter dem Begriff «Topspin» etwas vorstellen und der Botaniker weiss, was eine «Aufsitzerpflanze» ist.

Oberbegriffe und Unterbegriffe

Die Oberbegriffe schliessen eine ganze Menge von Wörtern ein; die Unterbegriffe bezeichnen das Gemeinte präzise. Beispiel:

Orchester-Instrumente Oberbegriff

Unterbegriffe

Streichinstrumente	Holzblasinstrumente	Blechblasinstrumente	Schlaginstrumente
Geige	Querflöte	Trompete	Kesselpauke
Bratsche	Oboe	Horn	Trommel
Cello	Klarinette	Posaune	Becken
Kontrabass	Fagott	Tuba	Xylofon

Ein zweites Beispiel mit einer anderen Ordnungsmöglichkeit:

- **Leichtathletik**
  - **Laufdisziplinen**
    - Kurzstrecke
    - Mittelstrecke
    - Langstrecke
  - **Technische Disziplinen**
    - Sprungsportarten
    - Wurfsportarten

Selbstverständlich könnte man die Kategorien noch weiter unterteilen, z. B. die Sprungsportarten in Weitsprung, Hochsprung, Dreisprung, Stabhochsprung.

Das Dezimalklassifikations-System

Eine sehr übersichtliche Ordnung ergibt sich mit dem Dezimalklassifikations-System, das ursprünglich für Bibliotheken entwickelt wurde. Grundprinzip ist eine Zehnereinteilung (0–9). Zu jeder dieser 10 Hauptklassen gibt es jeweils bis zu 10 Abteilungen, jede Abteilung hat bis zu 10 Sektionen usw.

Beispiel: **6 Exakte Wissenschaften**
62 Ingenieurwesen
621 Maschinenbau

Eine Abwandlung von dieser Dezimalklassifikation findet man häufig in Inhaltsverzeichnissen von Büchern und grösseren Arbeiten. Hier ein Ausschnitt aus einem Geschichtsbuch:

1. Der Erste Weltkrieg
1.1 Der militärische Ablauf
1.2 Die wirtschaftlichen Folgen
1.3 Die sozialen und politischen Veränderungen
1.3.1 Die Russische Revolution
1.3.2 Die Weimarer Republik

2. Der Zweite Weltkrieg
2.1 Der Aufstieg Hitlers
2.2 Der Kriegsausbruch 1939
2.3 Der Angriff im Osten und Norden
2.3.1 Polens Untergang
2.3.2 Der Überfall auf Dänemark und Norwegen

Übung 1

Wie heisst der Oberbegriff?

1.1 a / f / m / p / u / s / z

....

1.2 a / e / i / o / u

....

1.3 m / p / f / g / v / w

....

1.4 ver-, be-, zer-, ent-

....

1.5 Kaffee, Tee, Wasser, Wein, Bier

....

1.6 Stuhl, Bett, Schrank, Tisch

....

1.7 Socken, Hosen, Jacke, Mantel, Rock

....

1.8 Diskuswerfen, Speerwerfen, Kugelstossen

....

1.9 Romanik, Gotik, Barock, Klassizismus

....

1.10 Fresko, Öl, Aquarell, Pastell, Acryl

....

Übung 2

Nennen Sie mindestens 3 Unterbegriffe.

2.1 Bäume

....

2.2 Gebäude

....

2.3 Medizinische Berufe

....

2.4 Schweizer Flüsse

....

2.5 Menschliche Organe

....

2.6 Insekten

....

2.7 Mannschaftssportarten

....

2.8 Geschichtliche Zeitepochen

....

2.9 Italienische Städte

....

2.10 Musikalische Stilrichtungen

....

Übung 3

Ordnen Sie folgende Begriffe analog dem Themenfeld «Orchester-Instrumente» (Seite 18). Erstellen Sie danach eine Gliederung mit dem Dezimalklassifikations-System.

> Tanztheater, Tragödie, Operette, Pantomime, Klassisches Ballett, Oper, Musical, Bühnenformen, andere Formen, Komödie, Kabarett, Sprechtheater, Multimedia-Performance, Modernes Bewegungstheater, Musical, Musiktheater, Schwank

Übung 4

Sammeln Sie so viele Begriffe wie möglich aus einem Bereich Ihrer beruflichen Tätigkeit oder Ihrer Freizeitbeschäftigung. Gliedern Sie anschliessend die Wörter

- zuerst grob nach Oberbegriff/Unterbegriff
- danach etwas differenzierter mit dem Dezimalklassifikations-System.

Fremdwörter und Fachwörter 1

Das Leben wird immer internationaler und multikultureller; dies wirkt sich auch auf die Sprache aus. Sowohl im Alltagsleben als auch im Geschäftsleben tauchen ständig neue Fremd- und Fachwörter auf. Viele davon sind in der deutschen Sprache bereits so stark «eingebürgert», dass sie von uns gar nicht mehr als Fremdwörter empfunden werden. Meist sind es Begriffe, für die sich nur schwer ein deutscher Ausdruck finden lässt. Beispiele: *Ingenieur, Kritik, Motor, Taxi, Autobus, Büro, Computer, Video, Tennis, Pullover, Quiz, Alkohol, Klima, Fabrik, Theater, Bilanz, Konto, Kredit, Demokratie, Bibliothek* u. a.

Umgang mit Fremdwörtern

Es gibt eine ganze Reihe von modischen Fremdwörtern, die bewusst oder unbewusst verwendet werden, obwohl gleichwertige deutsche Bezeichnungen vorhanden sind. Man spricht von einem Drink statt von einem Getränk, von der City statt von der Stadt, von einer Topleistung statt von einer Spitzenleistung, von einem Job statt von einer Stelle (Beruf), von shopping statt von einkaufen, von fun statt von Plausch usf.

In älteren Sprachbüchern wurde oft empfohlen, wenn immer möglich auf Fremdwörter zu verzichten. Heute muss man die Empfehlung differenzierter formulieren. Fremdwörter können durchaus verwendet werden,

- wenn sie treffend und allgemein verständlich sind (Tourismus, Hobby, Budget …)
- wenn sie nicht durch ein deutsches Wort ersetzbar sind (Computer, Management …)
- wenn sie stilistisch zum Text passen (z. B. das Wort «trendy» in einem Modemagazin)

Trotzdem ist Vorsicht geboten. Wenn nämlich aus blosser Angeberei möglichst viele Fremdwörter gebraucht werden und es dabei auch noch zu Verwechslungen kommt, wie zum Beispiel «physisch» statt «psychisch», «hysterisch» statt «historisch» oder sogar «Orgasmus» statt «Organismus», kann dies das Gegenteil der beabsichtigten Wirkung erzielen.

Herkunft der Fremdwörter (eine Auswahl)

- aus dem Griechischen: Demokratie, Monarchie, Kilometer, Biologie, Mikrofon, Rhythmus, Thema, Hypothek, Katastrophe, Tyrann, Orthografie u. a.
- aus dem Lateinischen: Konzept, Medizin, Internat, Konferenz, Korrektur, Export, Universität, Intervall, international, Publikum u. a.
- aus dem Französischen: Allee, Billard, Bonbon, Bouillon, Cousin, Etage, Etikette, Frisur, Genie, Montage, Niveau, Parfum, Prestige, Sauce, Parterre, Restaurant, Trottoir
- aus dem Englischen: Comeback, Sandwich, Show, Check, Toast, Flop, Hit, CD-Player, Provider, Event, Team und sehr viele andere.

Fachwörter

In jedem Beruf gibt es Fachbegriffe, die eine eindeutige und rasche Verständigung über Sachverhalte und Probleme ermöglichen. Denken wir nur an den Fachwortschatz in Medizin und Technik, an die Fachsprache in der Justiz, im Banken- und Versicherungswesen oder in der Automobil- und Computerbranche. Man spricht in diesem Zusammenhang auch von einem «Spezialistenjargon». Auch wer sich mit der deutschen Sprache befasst (oder befassen muss), braucht eine Fachsprache, nämlich die Begriffe aus der Grammatik wie zum Beispiel Präfix, Suffix, Synonym, Antonym, Nomen, Verb u. a.

Übung 1

Untersuchen und vergleichen Sie den Anteil von englischen Ausdrücken in Zeitschriften aus den Bereichen Mode, Musik, Film, Sport, Computer, Jugend u. a.

Übung 2

Schlagen Sie im Wörterbuch (wenn möglich in einem Herkunftswörterbuch) die Herkunft von folgenden zwölf Wörtern nach.

Autismus
Bagatelle
Chlor
Kebab
Echo
Galan
Hot Dog
Konto
Lapsus
immens
mega
en vogue

Übung 3

Welche Fremdwörter wurden hier sinngemäss übersetzt?

Augenblick	Fahrkarte ....
Anschrift	Blechbehälter ....
Mundart	Direktübertragung ....
allgemein	Eckstoss ....
Prüfung	Verschönerungsstudio ....
Grundstein	Geschwindigkeitsbegrenzung ....

Übung 4

Ersetzen Sie die farbigen Fremdwörter durch passende deutsche Ausdrücke.

4.1 Mit dem Anschlag vom 11. September ist eine **Idylle** zerstört, die Welt in ihren **Fundamenten** erschüttert worden.

4.2 Keine Frage: Der **martialische** Akt gegen die Vereinigten Staaten markiert eine historische **Zäsur**, deren **Konsequenzen** noch nicht wirklich abzuschätzen sind.

4.3 Der **diabolische** Terroranschlag auf das World Trade Center stellt einen **liberalen** Rechtsstaat vor **enorme** Herausforderungen.

4.4 Wichtig ist nun die Frage der **Prävention**: Wie kann sich ein Staat vor solchen **Attacken** schützen, ohne das **daily life** der eigenen Bürger allzu stark einzuengen?

4.5 Nach dem Anschlag kann man einen **paradoxen Effekt** beobachten: Die internationalen Beziehungen sind gleichzeitig enger und **fragiler** geworden.

(Aus: «Die Weltwoche» vom 13. September 2001, Text leicht abgeändert.)

Nicht vergessen: Individuelle Wörterliste nachführen!

Fremdwörter und Fachwörter 2

Die meisten Fremdwörter stammen heutzutage aus dem anglo-amerikanischen Sprachraum. Wenn ein ganzer Ausdruck wie *Take it easy* übernommen wird, spricht man von einem *Anglizismus* (Mehrzahl *Anglizismen*). – Einige Sprachkritiker und auch Politiker beklagen, dass die deutsche Sprache schon allzu stark von Wörtern aus dem englischen und amerikanischen Sprachraum durchsetzt sei und fordern eine klare Regelung zum Gebrauch dieser Fremdwörter. Vor allem wird befürchtet, dass englische Ausdrücke nicht nur in den Fachsprachen, sondern immer stärker auch in der Umgangssprache Einzug halten. Tatsache ist, dass Wörter keine nationalen Grenzen kennen und es zwischen den verschiedenen Sprachen schon immer einen regen Austausch gab. Früher kam der «Sprachimport» ins Deutsche vor allem aus dem Griechischen und Lateinischen, später aus der italienischen und der französischen Sprache.

Wichtige Fremdwort-Bestandteile

Abkürzungen: gr. = aus dem Griechischen; lat. = aus dem Lateinischen

an-	(gr.)	nicht: Analphabet, anorganisch
-agoge	(gr.)	Führer: Pädagoge, Demagoge
anti-	(gr.)	gegen: Antipathie, antiautoritär
-archie	(gr.)	Herrschaft: Monarchie, Hierarchie
auto-	(gr.)	selbst: Automobil, Autobiografie
bi-	(lat.)	zweifach: bisexuell, bilateral
bio-	(gr.)	Leben: Biologie, Biografie
chrono-	(gr.)	Zeit: Chronometer, chronologisch
demo-	(gr.)	Volk: Demokratie, demografisch
dia-	(gr.)	durch, hindurch: Diapositiv, Dialog
ex-	(lat.)	aus: Explosion, Examen
extra-	(lat.)	ausserhalb: Extrablatt, extravagant
geo-	(gr.)	Erde: Geografie, geologisch
-gramm	(gr.)	das Geschriebene: Autogramm
-graph	(gr.)	Schreiber: Biograf, Grafologie
hetero-	(gr.)	anders: heterosexuell, heterogen
homo-	(gr.)	gleich: homosexuell, homogen
hyper-	(gr.)	über: hyperaktiv, hypermodern
ideo-	(gr.)	Idee, Ansicht: Ideologie, ideologisch
in-	(lat.)	nicht/un-: inaktiv, insolvent
intra-	(lat.)	innerhalb: Intranet, intravenös
intro-	(lat.)	hinein: introvertiert, introspektiv
kontra-	(lat.)	gegen: Kontrapunkt, Kontrabass
-logie	(gr.)	Lehre: Psychologie, Geologie
-meter	(gr.)	Mass: Kilometer, Chronometer
mono-	(gr.)	allein, ein: Monopol, monoton
neo-	(gr.)	neu: Neonazis, neoliberal
ortho-	(gr.)	richtig: Orthografie, orthodox
philo-	(gr.)	Freund: Philosophie, frankophil
phono-	(gr.)	Stimme/Ton: Telefon, Mikrofon
poly-	(gr.)	viel: Polygamie, polyvalent
post-	(lat.)	nach: postoperativ, posthum
pro-	(gr./lat.)	vor/für: Programm, progressiv
psycho-	(gr.)	Seele: Psychologie, psychosomatisch
stereo-	(gr.)	fest/starr: Stereoskopie, stereotyp
super-	(lat.)	über: Superlativ, superschnell
-thek	(gr.)	Ablage: Bibliothek, Apotheke
thermo-	(gr.)	warm: Thermometer, thermisch
trans-	(lat.)	hinüber: Transport, transalpin
vita-	(lat.)	Leben: Vitamin, vital

Mehrzahlformen bei Fremdwörtern

Die meisten Mehrzahlformen werden gleich gebildet wie bei deutschen Wörtern, also z. B. Bibliothek, die Bibliotheken. Bei einzelnen Wörtern wurde jedoch auch die ursprüngliche Pluralbildung ins Deutsche übernommen:

Konto: Konti / Konten / Kontos
Ballon: Ballons / Ballone
Visum: Visa / Visen
Thema: Themata / Themen
Schema: Schemata / Schemen / Schemas
Trauma: Traumata / Traumen / Traumas
Intermezzo: Intermezzi / Intermezzos
Komma: Kommata / Kommas

Hinweis: Im Zweifelsfalle ein gutes Wörterbuch konsultieren.

Nicht vergessen: Individuelle Wörterliste nachführen!

Übung 1

Suchen Sie im Wörterbuch (wenn möglich in einem Fremdwörterbuch) je ein Fremdwort mit folgenden Bestandteilen. Notieren Sie die Herkunft und merken Sie sich die Bedeutung.

anti-	para- ....
....	....
auto-	prä- ....
....	....
hippo-	vita- ....
....	....
infra-	sub- ....
....	....
poly-	tele- ....
....	....

Übung 2

Hier wurden einige Fremdwörter verwechselt. Korrigieren Sie.

2.1 Das Kind wurde nach zwei Jahren von einem Schweizer Ehepaar adaptiert. ....

2.2 Umweltschutz ist auch eine ethnische Frage. ....

2.3 Manche Leute versinken zur Entspannung in eine tiefe Mediation. ....

2.4 Am Sonntag fand in der Stadtkirche ein ökonomischer Gottesdienst statt. ....

2.5 Bei jeder Stellenbewerbung sollte man Reverenzen angeben. ....

2.6 Für die Prüfung habe ich von einer Kollegin einen guten Typ bekommen. ....

2.7 Der Unfallhergang wurde von der Polizei chronisch rekonstruiert. ....

Übung 3

Was bedeuten folgende Fremdwörter?

Hypothese	Linie beim Dreieck	Geldschulden	Annahme
Ironie	Wut	feiner Spott	Karikatur
Autonomie	Eigenständigkeit	Fahrzeugliste	Eigenname
Recherche	Verhaftung	Nachforschungen	Versuch
Kontingent	Erdteil	Zurückhaltung	zugeteilte Menge
Orakel	Voraussage	kleines Boot	Greifarm
Homöopathie	Geisterbeschwörung	Heilverfahren	sexuelle Neigung
Assoziation	Filiale	Gedankenverbindung	Gruppendruck
Amnestie	Gedächtnisschwund	Straferlass	Würgegriff
Lappalie	Kleinigkeit	Dummheit	Reinigungsmittel

Übung 4

Wie heissen die Mehrzahlformen von folgenden Fremdwörtern?

Rhythmus	Atlas	Globus	Jubilar ....
Album	Pizza	Diskus	Tenor ....
Villa	Mineral	Radius	Monitor ....
Charakter	Museum	Virus	Doktor ....
Maximum	Individuum	Zyklus	Pony ....
Kaktus	Spektrum	Bonus	Teeny ....

Übersicht

Die Wörter unserer Sprache lassen sich in verschiedene Gruppen einteilen. Man unterscheidet fünf Hauptgruppen, die man *Wortarten* nennt. Wörter, die zu einer bestimmten Wortart gehören, weisen formale Gemeinsamkeiten auf. So haben Wörter wie *Tanne, Berg, Licht* ein festes Geschlecht und werden grossgeschrieben; sie gehören zur Wortart der Nomen. Diese Ordnung in Hauptgruppen, die ihrerseits aus vielen einzelnen Teilen bestehen, kann man sich ähnlich wie das Ordnungssystem in einem Kaufhaus vorstellen. Alle Waren sind ihren Abteilungen zugeordnet: Kleider, Haushaltartikel, Esswaren usw. In der Kleider-Abteilung beispielsweise gibt es Hosen, Pullover, Socken und vieles andere. Allen Artikeln dieser Abteilung ist gemeinsam, dass man sie anziehen kann.

Einteilung der Wortarten

Die Einteilung in Wortarten erfolgt in erster Linie nach formalen Eigenheiten, so zum Beispiel nach dem Kriterium, ob ein Wort veränderbar (*klein, kleine, kleiner*) oder nicht veränderbar ist (*sehr*). Vor allem für die Gross- und Kleinschreibung, aber auch für die Zeichensetzung ist die Kenntnis der Wortarten von grossem Nutzen.

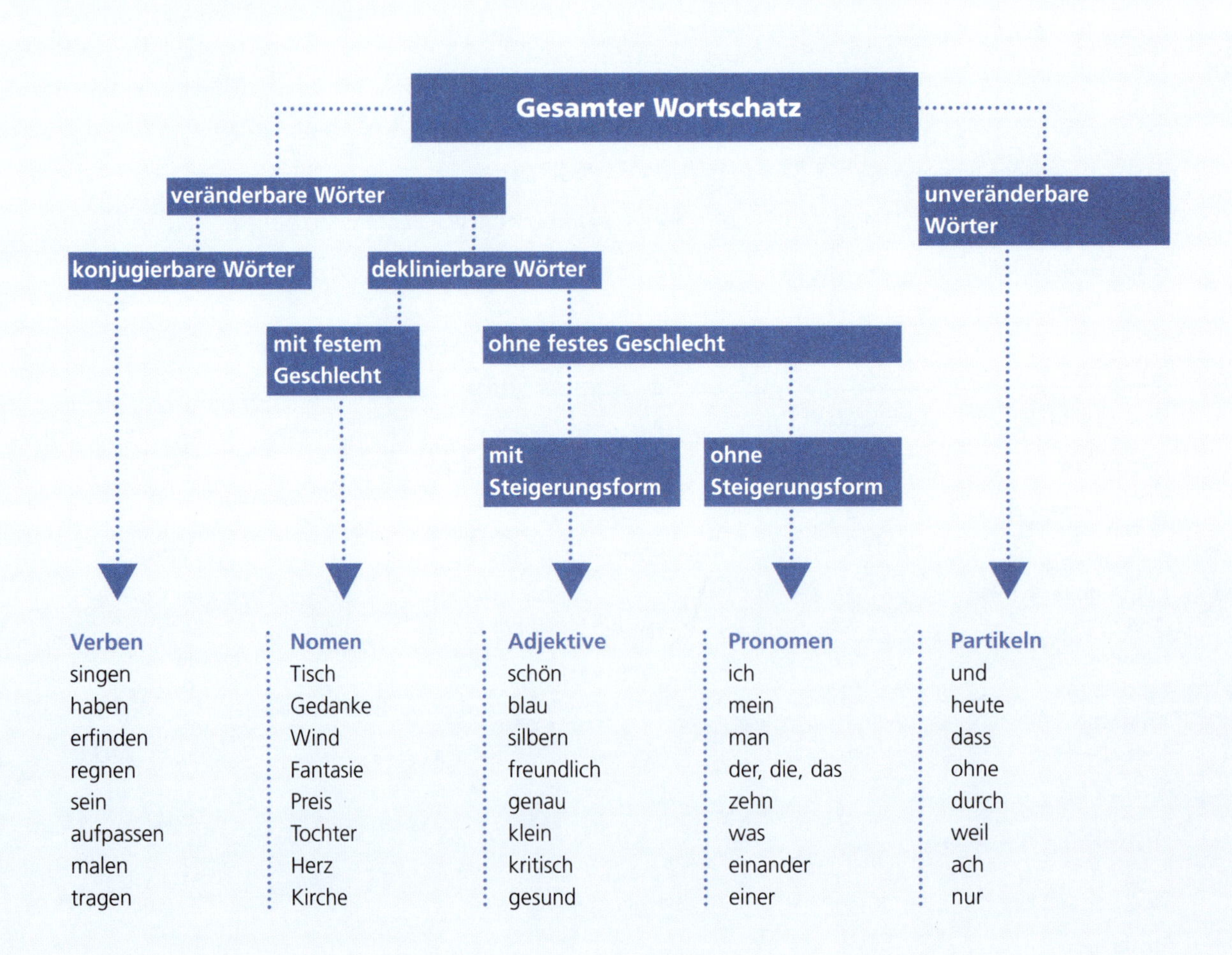

Übung 1

Bestimmen Sie die Wortarten aufgrund der Einteilung auf Seite 24.

Wir	....	Ast.	....
sassen	....	Ich	....
hoch	....	beobachtete	....
über	....	das	....
dem	....	Nachbarhaus	....
Boden	....	und	....
auf	....	sie	....
einem	....	den	....
dicken	....	Waldrand.	....

Übung 2

Tragen Sie die einzelnen Wörter in die richtigen Spalten ein.

DER NACKTEN WADE EINES JUNGEN BERNERS KONNTE EIN ALTER FUCHS NICHT WIDERSTEHEN. ALS DER 22-JÄHRIGE MANN SICH BÜCKTE, UM EINIGE BEEREN ZU PFLÜCKEN, SCHLICH SICH MEISTER REINEKE LEISE AN UND SCHNAPPTE BLITZSCHNELL ZU.

Verb	Nomen	Adjektiv	Pronomen	Partikel
....	....	....	....	....
....	....	....	....	....
....	....	....	....	....
....	....	....	....	....
....	....	....	....	....
....	....	....	....	
	....		....	

Übung 3

Schreiben Sie zu jeder Wortart fünf eigene Beispiele.

Verb	Nomen	Adjektiv	Pronomen	Partikel
....	....	....	....	....
....	....	....	....	....
....	....	....	....	....
....	....	....	....	....
....	....	....	....	....

Geschlecht

Wie erkennt man Nomen? – Ganz einfach: Nomen werden grossgeschrieben. Zudem lassen sich Nomen nach Geschlecht (Genus), Zahl (Numerus) und Fall (Kasus) bestimmen. Das Nomen kann verschiedene Begleiter bei sich haben, vor allem Artikel (*der* Briefträger, *die* Post, *das* Auto) oder andere Pronomen (*mein* Garten, *etwas* Neues) sowie Adjektive (*schöne* Ferien!).
Inhaltlich unterscheidet man *konkrete Nomen* (Buch, Bahnhof, Mensch u. a.) und *abstrakte Nomen* (Traum, Erinnerung, Freude u. a.).

Grammatikalisches Geschlecht

Das grammatikalische Geschlecht jedes Nomens lässt sich anhand seines Artikels in der Einzahl bestimmen.
> der (ein) Baum maskulinum
> die (eine) Wiese femininum
> das (ein) Tal neutrum

Kein Geschlecht haben Nomen, die nur im Plural vorkommen: Leute, Ferien, Trümmer u. a.
Oft besteht zwischen dem tatsächlichen und dem grammatikalischen Geschlecht kein Zusammenhang. Weshalb etwa heisst es «der Schrank» (männlich) und «die Wand» (weiblich), obwohl es sich um Sachen handelt? Auch bei Personen und Tieren stimmen grammatikalisches Geschlecht und natürliches Geschlecht nicht immer überein. Beispiele: das Mädchen, das Fräulein, die Person (männlich oder weiblich). Orientierungshilfen zur Bestimmung des Geschlechts bieten gewisse Wortendungen; auf *-heit* oder *-ung* endende Wörter haben z. B. feminines Genus. Von Verben abgeleitete Nomen sowie Diminutive (Verkleinerungsformen) sind stets sächlich (das Laufen, das Zeichnen; das Täubchen, das Brünnlein).

Ein kurzer Vergleich mit anderen Sprachen

Während im Französischen «die Sonne» männlich ist (le soleil), ist sie auf Deutsch weiblich. «Der Stuhl» ist auf Französisch weiblich (la chaise). Im Englischen kommen die Nomen gar ohne grammatisches Geschlecht aus. Statt «der, die, das» oder «le, la» heisst es einfach «the». Werden englische Wörter in die deutsche Sprache übernommen, führt dies oft zu Problemen: Welchen Artikel setzen wir vor das Fremdwort? So sagen wir auf Deutsch «das Baby». Dies könnte mit der Übersetzung «das Kleinkind» zusammenhängen. Wäre es aber nicht auch möglich «der Baby» zu sagen, abgeleitet von «der Säugling»? – Englische Fremdwörter erhalten ihren Artikel im Deutschen oft, weil sie ähnlich wie deutsche Wörter klingen bzw. eine ähnliche Endung wie diese haben («der Provider» klingt z. B. ähnlich wie «der Erzähler»). Manchmal sind bei gleicher Wortbedeutung zwei verschiedene Artikel zulässig: der/das Match, der/das Pub. (Aber: der Tearoom von «der Raum».)

Diskriminierende Sprache?

Im Deutschen haben Nomen, die eine Person (z. B. bei Berufsbezeichnungen) oder ein Tier bezeichnen, nicht nur verschiedene Artikel, sondern oftmals je eine Form für das männliche und das weibliche Wesen: der Bauer/die Bäuerin, der Erpel/die Ente. Früher war es gebräuchlich, die weibliche Form nicht ausdrücklich zu erwähnen. Eine Schulklasse mit fünfzehn Mädchen und fünf Jungen hatte beispielsweise einfach «zwanzig Schüler». Diese Ausdrucksweise wird heute von vielen als diskriminierend empfunden. Es gibt jedoch Formulierungsvarianten, die sowohl weibliche als auch männliche Personen miteinschliessen. Statt «Schüler» könnte man «Schülerinnen und Schüler», «Lernende» oder «Studierende» sagen. Die Schreibung von Schrägstrich-Formen wie «Schüler/innen» oder Gross-I im Wortinneren (SchülerInnen) ist zwar standardsprachlich umstritten, begegnet uns aber im Alltag oft.

Übung 1

Leiten Sie je ein Nomen ab. (Beispiel: vorsichtig – die Vorsicht)

gestehen	das	....	wachsen	das	....
bereit	die	....	brutal	die	....
denken	der	....	mutig	der	....

Übung 2

Konkret oder abstrakt? Bezeichnen Sie die Nomen mit K oder A.

Idee	....	Strauch	....	Wind	....	Konzept	....
Minute	....	Zufriedenheit	....	Preis	....	Wellen	....

Übung 3

3.1 Wie lautet der Artikel?

....	Spital	....	Thermometer	....	Bleistift	....	Dessert
....	Käfig	....	Butter	....	Eckbank	....	Reis

3.2 Welche Wörter haben zwei verschiedene Artikel?

Kartoffel	....	Radar	....	Sellerie	....	Mail	....
Sims	....	Ferse	....	Time-out	....	Joghurt	....

3.3 Setzen Sie die verschiedenen Artikel und zeigen Sie mit einem Synonym oder Beispiel die unterschiedliche Bedeutung auf.

....	Mast	....	Mast	....	Heide	....	Heide
....	Schild	....	Schild	....	Kunde	....	Kunde
....	Weise	....	Weise				

Übung 4

Setzen Sie in den Diminutiv.

das Haus	....	der Beutel	....
der Ochse	....	die Feder	....
das Paar	....	der Eimer	....
die Nase	....	der Fuchs	....
das Boot	....	der Baum	....

Übung 5

Wie lautet der männliche bzw. der weibliche Begriff?

der Arzt	die	....	der Chauffeur	die	....
die Nonne	der	....	die Serviertochter	der	....
die Nichte	der	....	die Krankenschwester	der	....

Einzahl / Mehrzahl

Nomen stehen entweder in der Einzahl (Singular) oder in der Mehrzahl (Plural). Sie drücken so aus, ob das Bezeichnete ein Mal oder mehrere Male vorkommt. Die Pluralform lässt sich nicht immer anhand der Form eines Wortes erkennen. Was erwartet den frisch angestellten Raubtierwärter im Zoo hinter einer Türe, auf welcher das Wort «Tiger» steht? Verbirgt sich dahinter ein einziges Tier oder muss er – zur eigenen Sicherheit – Fleisch für mehrere hungrige Rachen bereithalten? Erkennungsmerkmale des Plurals können der Artikel «die» und die Endung des Wortes sein; manche Nomen haben im Plural einen Umlaut. Wenn also auf einer anderen Türe des Zoos das Wort «Bären» steht, weiss man, dass es sich um mehrere Tiere handelt.

Sonderfälle

Nomen, die nur im Singular vorkommen

Beispiele: Glück, Streit, Publikum

Um hier eine Mehrzahl auszudrücken, müssen wir das Wort umschreiben oder durch einen ähnlichen Ausdruck ersetzen. So könnten die oben genannten Wörter im Plural lauten: Glücksfälle, Streitigkeiten, das Publikum in den Schweizer Theatern

Nomen, die nur im Plural vorkommen

Beispiele: Eltern, Personalien, Kosten

Um hier eine Einzahl auszudrücken, brauchen wir wieder eine Umschreibung oder ein ähnliches Wort. Die oben genannten Wörter könnten lauten: ein Elternteil, eine Angabe zur Person, ein Kostenanteil

Nomen mit unterschiedlicher Bedeutung bei gleicher Form im Singular

(so genannte Homonyme), deren Pluralformen verschieden sind.

Beispiele: die Bank (Finanzinstitut) > die Banken
die Bank (Sitzgelegenheit) > die Bänke
die Steuer (Geldabgabe) > die Steuern
das Steuer (Lenkvorrichtung) > die Steuer
das Wort (Einzelwort) > die Wörter
das Wort (längere Äusserung) > die Worte
der Block (Klotz, Brocken) > die Blöcke
der Block (Häusergruppe) > die Blocks

Fremdwörter

Siehe Kapitel «Fremdwörter und Fachwörter», Seiten 20–23.

Hinweis: Die Pluralform kann in vielen Fällen nicht einfach aus dem Singular erschlossen werden. Hilfe bietet das Wörterbuch: Dort ist die Pluralform als Endung oder Wort als zweiter Eintrag nach dem Artikel angegeben. Beispiel: Individuum, das; -s, ...duen (Individuum = Haupteintrag, das = Artikel, -s = Genitiv Singular, ...duen = Pluralendung).

Übung 1

1.1 Wie lautet die Singularform?

Kriterien	....	Stadien	....	Masern	....
Paparazzi	....	Mechanismen	....	Ministerien	....
Ferien	....	Antibiotika	....	Bergleute	....

1.2 Schreiben Sie den Plural.

Kuchen	....	Heft	....	Strauch	....
Tochter	....	Koffer	....	Wagen	....
Hemd	....	Saal	....	Löffel	....

1.3 Schreiben Sie alle möglichen Pluralformen.

Komma	....	Park	....	Bibliothekar	....
Traktor	....	Hobby	....	General	....
Allee	....	Espresso	....	Senior	....

1.4 Wie drückt man diese Nomen im Plural aus?

Obst	....	Gepäck	....	Regen	....
Verhalten	....	Lob	....	Zank	....

Übung 2

Schlagen Sie im Wörterbuch nach, wie viele verschiedene Pluralformen es vom Wort «Band» gibt. Beachten Sie die unterschiedlichen Bedeutungen.

Übung 3

Setzen Sie, je nach Bedeutung des Wortes, die Pluralform ein.

Strauss	In Afrika sah ich Elefanten, Geparde und .... Er hat seiner Frau schon viele bunte .... geschenkt.
Rat	Das sind die Sitze der sieben .... Meine kluge Schwester hat mir schon oft gute .... erteilt.
Mutter	Für diese Konstruktion braucht man Schrauben und .... Alle .... kamen zum Informationsabend.
Otter	In Kanada konnten sie .... beobachten, die fröhlich im Wasser spielten. Die .... zählen zu den Giftschlangen.
Bauer	Auch goldene .... sind Käfige. Die .... begannen dieses Jahr zeitig mit der Ernte.

Übung 4

Hier haben sich ein paar Fehler eingeschlichen. Korrigieren Sie.

4.1 Die Demonstranten schützten sich mit Schutzschildern vor den Gummigeschossen.

4.2 Die Visas müssen mindestens drei Monate vor Antritt der Reise beantragt werden.

4.3 Fachzeitschriften geben wichtige Artikel oft auch als Sonderdrucke heraus.

4.4 Die Eingeladenen zeigten keine Skrupeln und assen das ganze Buffet leer.

4.5 In diesem italienischen Restaurant bekommt man nicht nur Pizzas und Spaghettis.

4.6 Glücklicherweise habe ich das Antibiotika gut vertragen können.

Fälle 1

Das Nomen kann im Satz in vier verschiedenen Fällen auftreten: im Nominativ (Werfall), Akkusativ (Wenfall), Dativ (Wemfall) und im Genitiv (Wesfall). Wenn wir ein Nomen in einen bestimmten Fall setzen, sprechen wir davon, dass wir das Nomen *deklinieren*. Dabei verändern sich unter Umständen der Begleiter (meist ein bestimmter oder unbestimmter Artikel) oder die Endung des Nomens.

Übersicht über die Fälle (lateinisch Kasus)

Singular

Fall	Frage	femininum	maskulinum	neutrum
Nominativ	wer oder was?	die/eine Frau	der/ein Mann	das/ein Kind
Akkusativ	wen oder was?	die/eine Frau	den/einen Mann	das/ein Kind
Dativ	wem?	der/einer Frau	dem/einem Mann(e)	dem/einem Kind(e)
Genitiv	wessen?	der/einer Frau	des/eines Mannes	des/eines Kindes

Plural

Fall	Frage	femininum	maskulinum	neutrum
Nominativ	wer oder was?	die Frauen	die Männer	die Kinder
Akkusativ	wen oder was?	die Frauen	die Männer	die Kinder
Dativ	wem?	den Frauen	den Männern	den Kindern
Genitiv	wessen?	der Frauen	der Männer	der Kinder

(Die Reihenfolge der Fälle in dieser Übersicht entspricht der Häufigkeit ihres Vorkommens.)

Fragemethode

Die Übersicht zeigt, dass man der Form eines Nomens nicht unbedingt ansehen kann, in welchem Fall es steht. Man kann diesen jedoch durch die **Fragemethode** ermitteln. Dabei gilt das Nomen, dessen Fall bestimmt werden soll, als Antwort. Die Form des Fragewortes entspricht dann dem Kasus.

Hinweis: Der Satzteil in **blau** ist die Antwort auf die Frage.

Ein Polizist sieht **einen Verkehrssünder**.	**Wen** oder **was** sieht der Polizist?	> Akkusativ
Der Polizist schreibt einen Bussenzettel.	**Wer** oder **was** schreibt?	> Nominativ
Er gibt ihn **dem Autofahrer**.	**Wem** gibt er ihn?	> Dativ
Der Ärger **des Autofahrers** ist gross.	**Wessen** Ärger ist gross?	> Genitiv

Übung 1

Bestimmen Sie die Fälle der farbigen Ausdrücke.

Romantikerinnen .... schwärmen von **der reinen Schönheit** .... **der Augen** .... und nennen sie poetisch «**die Fenster** .... zur **Seele** ....». Auch nüchterner betrachtet sind **die Augen** .... **ein Meisterstück** .... **der Natur** .... Rund **achtzig Prozent** .... **aller Informationen** .... nehmen wir durch sie auf. Durch **das Zusammenspiel** .... von **Hornhaut, Iris und Linse** .... erhalten wir ein **detailreiches Abbild** .... **unserer Umwelt** .... Gleichzeitig sind **die Augen** .... **das Sinnesorgan** ...., das wir am leichtesten ein- und ausschalten können.

Übung 2

Wählen Sie jeweils zwei bis drei Nomen und dazu ein Verb. Bilden Sie damit Sätze. Bestimmen Sie anschliessend die Fälle der Nomen. Beispiel: Der Präsident (N) stimmte einem neuen Gesetz (D) zu.

Nomen: Zukunft, Mensch, Belohnung, Präsident, Lied, Bruder, Baum, Volk, Freude, Lehrerin, Gesetz

Verben: überraschen, zustimmen, gedenken, geben, versprechen, gehören, singen, lieben, sehen

Übung 3

Verbessern Sie die falschen Deklinationsformen.

3.1 Wenn die Luftverschmutzung weiter fortschreitet, droht Europas Wälder das Ende. ....

3.2 Die nächsten beiden Wochenende werden wir im Tessin verbringen. ....

3.3 Das Orchester hat zurzeit keinen eigenen Dirigent. ....

3.4 Meiers Jüngster möchte ein berühmter Künstler werden. ....

3.5 Viele Hunde sind des Hasen Tod. ....

3.6 Dies hilft nicht nur dem Tier, sondern auch dem Mensch. ....

3.7 Dem Produzent ist es wichtig, wer in seinem Film mitspielt. ....

3.8 Seine Utensilien waren in sieben Koffer verpackt. ....

3.9 Sie lebten noch lange in Frieden und freuten sich ihres Lebens. ....

3.10 Er hat seinem langjährigen Assistent gekündigt. ....

3.11 Störe nie den Schlaf eines Bärs! ....

3.12 Am dunklen Himmel sahen die Menschen den Schweif eines Meteorit. ....

3.13 Man legt die Gabeln links und die Messer rechts von den Teller hin. ....

3.14 Als neuer Präsident stand es ihm zu, die Gäste zu begrüssen. ....

3.15 Das Geheimnis dieses Holzkasten ist, dass er einen doppelten Boden hat. ....

3.16 Wegen des schlechten Wetters mussten wir das Ausflugsziel ändern. ....

Fälle 2

Nicht alle Nomen erhalten die gleichen Fallendungen wie unsere Beispielwörter *Frau, Mann* und *Kind (auf Seite 30)*: Man spricht von drei verschiedenen Deklinationsreihen. Meistens wenden wir die Fallendungen «automatisch» richtig an. Sollten aber trotzdem Ungewissheiten auftreten, gibt der Duden an zweiter Stelle nach dem Worteintrag die Fallendung des Genitivs Singular an (Bsp. Rabe, der; *-n*, -n). Mit Hilfe der Grammatik können wir die restlichen Fallendungen erschliessen.

Deklinationen

Singular	endungsloser Genitiv > Nulldeklination alle weibl. Nomen (ausser Personennamen)	s-Genitiv (-s/-es) > s-Deklination alle sächl. Nomen und die Mehrheit der männl. Nomen	n-Genitiv (-n/-en) > n-Deklination ein Teil der männl. Nomen
Nominativ	die Gabel	das Muster/der Baum	der Rabe
Akkusativ	die Gabel	das Muster/den Baum	den Raben
Dativ	der Gabel	dem Muster/dem Baum(e)	dem Raben
Genitiv	der Gabel	des Musters/des Baum(e)s	des Raben

Im Plural gibt es nur für den Dativ eine besondere Fallendung:

Plural	Nominativ auf -e, -el, -er > Dativendung Plural -n	übrige > keine Pluralfallendung
Nominativ	die Bilder	die Überraschungen
Akkusativ	die Bilder	die Überraschungen
Dativ	**den** Bildern	**den** Überraschungen
Genitiv	der Bilder	der Überraschungen

Eigennamen

Personen- und Tiernamen sowie viele Orts- und Landesnamen werden ohne Artikel gebraucht. Sie erhalten nur im Genitiv eine Fallkennzeichnung, und zwar -s: Erikas Büro, Hansis Lieblingskörner, die Bevölkerung Argentiniens, Londons Nobelviertel (ohne Apostroph!)

Endet der Name bereits auf s oder einen s-Laut (s, ss, ß, z, tz, x), setzt man einen Apostroph: Max' Spezialrezept, Sokrates' Lehren

Hat jedoch ein Eigenname einen Begleiter (Artikel oder Pronomen, oft in Kombination mit einem Adjektiv), wird der Genitiv nicht extra gekennzeichnet: die Stimme des berühmten Pavarotti, die Witze unseres Emil, die Bauten des heutigen Rom, die Bilder des grossen Pablo Picasso

Übung 1

Setzen Sie den Artikel in den richtigen Fall und ergänzen Sie, wenn nötig, die Endung des Nomens.

1.1 Herr Huber will Herr.......... Weber.......... eine Nachricht schicken.
1.2 Die Sängerin feiert zusammen mit d.......... Publikum.......... ihren Erfolg.
1.3 Benützen Sie zum Aufhängen Nägel und ein.......... Hammer..........
1.4 Ich verfolgte die Technik d.......... Fussballspieler.......... mit Spannung.
1.5 Sie möchte einmal d.......... König.......... von Spanien sprechen.
1.6 Mein Onkel mag immer noch die Stimme Bob.......... Dylan..........
1.7 Du wünschst dir zu Weihnachten immer nur ein.......... Tannenbaum..........
1.8 Dieser Hund gehört ein.......... Nachbar..........
1.9 Das Design d.......... Tasche.......... entspricht der neusten Mode.
1.10 Soeben sind die Eltern d.......... Kinder.......... nach Hause gekommen.
1.11 Ich besitze ein Buch Dürrenmatt.......... mit der Unterschrift d.......... Autor..........
1.12 Können Sie mir ein.......... guten Tipp.......... geben?
1.13 Das Bummeln in Madrid.......... schönen Viertel.......... machte mir Spass.
1.14 Es gibt nichts Treueres als ein.......... Hund..........
1.15 Im Gewühl d.......... Bahnhof.......... suchte ich nach ein.......... Billettautomat..........
1.16 Die Dürre d.......... Grand Canyon.......... beeindruckte die Reisenden.
1.17 Kennst du ein.......... wohltätigeren Mensch.......... als Mutter Teresa?
1.18 Das ist Fritz.......... Angelrute. Er besitzt sie schon seit ein.......... Jahrzehnt..........

Übung 2

Bestimmen Sie die farbig gedruckten Nomen nach Geschlecht, Zahl und Fall.

Lange konnte der **Ahorn** (1) nicht mehr halten. Thur spürte den heissen **Geruch** (2) der Hüttenwand im **Nacken** (3). Wenn er den Hinterkopf ein wenig an der **Wand** (4) rieb, an der Wand der **Hütte** (5), die sein Onkel mit den Mineuren gebaut hatte, früher, als es hier oben noch **Mineure** (6) gab, rieselten **Lehmkrusten** (7) in sein Hemd und über den blossen **Rücken** (8) hinunter. Er sass darum still da, die **Knie** (9) hochgezogen, den Kopf hinten angelegt, und durch die halbgeschlossenen **Augen** (10) konnte er sehen, wie an der Grubenwand auf der gegenüberliegenden **Seite** (11) der Schein der **Sonne** (12) hochkroch. Lange nicht.
(Otto F. Walter: Ein Unglücksfall)

		Geschlecht	Zahl	Fall
1.	Ahorn	....	....	....
2.	Geruch	....	....	....
3.	Nacken	....	....	....
4.	Wand	....	....	....
5.	Hütte	....	....	....
6.	Mineure	....	....	....
7.	Lehmkrusten	....	....	....
8.	Rücken	....	....	....
9.	Knie	....	....	....
10.	Augen	....	....	....
11.	Seite	....	....	....
12.	Sonne	....	....	....

Deklination, Bildung

An einem Morgen verliess ich mein Bett, trank eine Tasse Kaffee und ass ein Brötchen. Ich dachte an meine Arbeit. **– Diese Szene können wir uns alle vorstellen. Aber wissen wir wirklich genau, wie es an jenem Morgen war? Etwa so?:** ***An einem sonnigen Morgen verliess ich mein Bett, trank eine Tasse starken, duftenden Kaffee und ass genüsslich ein knuspriges Brötchen. Ich dachte erwartungsvoll an meine Arbeit.*** **Oder so?:** ***An einem trüben Morgen verliess ich widerwillig mein warmes Bett, trank rasch eine Tasse abgestandenen Kaffee und ass ein trockenes Brötchen. Ich dachte missmutig an meine Arbeit.*** **Die Szenen zwei und drei unterscheiden sich von der ersten Szene nur dadurch, dass ihnen beschreibende und wertende Adjektive beigefügt wurden.**
Man erkennt Adjektive daran, dass man sie zwischen Artikel und Nomen setzen kann (das warme Bett, ein trockenes Brötchen). Grammatikalisch gesehen gehören sie zur Gruppe der deklinierbaren Wörter.

Deklination

Deklination mit dem bestimmten Artikel

	maskulin	feminin	neutrum	Plural
Nominativ	der junge Mann	die kluge Frau	das kleine Kind	die netten Leute
Akkusativ	den jungen Mann	die kluge Frau	das kleine Kind	die netten Leute
Dativ	dem jungen Mann	der klugen Frau	dem kleinen Kind	den netten Leuten
Genitiv	des jungen Mannes	der klugen Frau	des kleinen Kindes	der netten Leute

Deklination mit dem unbestimmten Artikel

	maskulin	feminin	neutrum	Plural
Nominativ	ein junger Mann	eine kluge Frau	ein kleines Kind	nette Leute
Akkusativ	einen jungen Mann	eine kluge Frau	ein kleines Kind	nette Leute
Dativ	einem jungen Mann	einer klugen Frau	einem kleinen Kind	netten Leuten
Genitiv	eines jungen Mannes	einer klugen Frau	eines kleinen Kindes	netter Leute

Deklination ohne Artikel

	maskulin	feminin	neutrum	Plural
Nominativ	junger Mann	kluge Frau	kleines Kind	nette Leute
Akkusativ	jungen Mann	kluge Frau	kleines Kind	nette Leute
Dativ	jungem Mann	kluger Frau	kleinem Kind	netten Leuten
Genitiv	jungen Mannes	kluger Frau	kleinen Kindes	netter Leute

Bildung von Adjektiven

Adjektive können durch Anhängen von Nachsilben (Suffixen) aus Nomen abgeleitet werden. Wunder-bar: wunderbar; Fehler-haft: fehlerhaft; Gold, Kupfer, Blei-en, -n –ern: golden, kupfern, bleiern; Sonne-ig: sonnig; Himmel-isch: himmlisch; Land-lich: ländlich; Rücksicht-los: rücksichtslos; Arbeit-sam: arbeitsam

Auch wenn man an Nomen Adjektive statt Silben anhängt, werden diese zu Adjektiven. Leser-freundlich: leserfreundlich; Dienst-eifrig: diensteifrig; Kinder-lieb: kinderlieb

Zudem können wir Adjektive in ihrer Ausdruckskraft verstärken, indem wir sie mit anderen Wörtern verbinden: kalt > **eis**kalt, müde > **hunde**müde, reich > **stein**reich

Adjektive können auch **von Verben abgeleitet** werden (siehe Kapitel Verb, Seite 46).

tropfen > tropfend (Partizip I) der **tropfende** Wasserhahn
drucken > **gedruckt** (Partizip II) der **gedruckte** Text

Übung 1

Ergänzen Sie die Adjektive mit den richtigen Fallendungen.

1.1 Freundlich..........., bärtig........... Mann (48) mit geregelt........... Einkommen sucht fröhlich........... Sie für glücklich........... Zukunft.

1.2 Möchte die lang..........., dunk........... Winterabende nicht mehr ohne Gesellschaft einer lieb........... Frau verbringen.

1.3 Liebst du gemütlich........... Stunden vor dem warm........... Kaminfeuer, anregend........... Diskussionen und gut........... Wein?

1.4 Habe ein bescheiden........... Häuschen mit pflegeleicht........... Garten im verkehrsgünstig........... gelegen........... Zollikofen.

1.5 Kinder aus einer früher........... Beziehung oder klein........... Hund bilden kein Hindernis.

1.6 Hoffe auf Antwort mit kurz........... Brief, aktuell........... Foto und möglich........... Daten für gegenseitig........... Kennenlernen.

Übung 2

Bilden Sie aus den Nomen passende Adjektive. Beispiel: Rand – eine randlose Brille

Gesetz	ein	....	Bürger
Kunde	ein	....	Geschäftsverhalten
Konkurrenz	ein	....	Angebot
Handel		....	Preise
Baum	ein	....	Kerl
Haar	eine	....	Geschichte

Übung 3

Erklären Sie den Unterschied jeweils mit einem kurzen Satz.

schädlich/schadhaft ....

zweiwöchig/zweiwöchentlich ....

kindlich/kindisch ....

geschäftlich/geschäftig ....

Übung 4

Verstärken Sie. Beispiel: schwer > bleischwer

..........................dunkel	..........................rund	..........................bleich	..........................leicht
..........................gerade	..........................fremd	bitter	grund..........................
stink..........................	kreuz..........................	stock..........................	tod ....

Übung 5

Erstellen Sie eine Liste von Adjektiven, in denen Tiere vorkommen. Beispiel: pudelwohl

Übung 6

Wie heissen die Gegenteile (Antonyme)? Die Vorsilbe un- darf nicht gebraucht werden!
ein scharfes Messer, frisches Wasser, ein warmer Pullover, giftige Pilze, ein scheues Kind, helles Licht, eine glatte Oberfläche, ein mutiger Junge, ein höflicher Kunde, ein grober Fehler

Steigerung

Adjektive können *Vergleichsformen* bilden, also gesteigert werden. Beim Vergleichen unterscheidet man drei Stufen: Der *Positiv* (Grundstufe) bildet die Ausgangsbasis, der *Komparativ* (Vergleichsstufe) drückt ein Mehr aus und wird angewendet, wenn zwei Wesen oder Dinge miteinander verglichen werden, der *Superlativ* (Höchststufe) ist die Bezeichnung für etwas nicht mehr Überbietbares. Die Endung des Komparativs ist -er, die des Superlativs -(e)st.

Positiv	Komparativ	Superlativ
schön	schöner	schönste
nett	netter	netteste
arm	ärmer	ärmste
kurz	kürzer	kürzeste

Wie man sieht, haben manche Adjektive in der Steigerungsform einen Umlaut. Zu dieser Gruppe gehören viele einsilbige Adjektive, jedoch nicht diejenigen mit au im Stamm (schlau – schlauer – am schlausten) und nicht die folgenden, die wir aus der Mundart teilweise mit Umlaut kennen: brav, dunkel, flach, froh, gerade, mager, rund, schlank, stolz, stumpf, toll, wohl, zahm, zart.

Andere Adjektive bilden unregelmässige Steigerungsformen:

hoch	höher	das höchste …
nah	näher	der nächste …
gut	besser	das beste …

Bei Kombinationen von zwei Adjektiven darf nur eines gesteigert werden:

eine viel gelesene Zeitung > die meistgelesene Zeitung
ein gut eingerichteter Betrieb > der besteingerichtete Betrieb
schwer wiegende Vorwürfe > die schwerstwiegenden/schwerwiegendsten Vorwürfe

Beim Vergleich im Positiv verwendet man das Wort «wie»: Die Fahrt dauerte **so lange wie** gestern. Beim Vergleich im Komparativ verwendet man das Wort «als»: Heute war Stau. Die Fahrt dauerte **länger als** gestern.

Logik beim Steigern

Nicht immer ist die grammatikalische Form des Adjektivs logisch: **Herr Gerber ist ein älterer Mann. Herr Weiss ist ein alter Mann.** Von der grammatikalischen Form her müsste Herr Gerber ein höheres Alter als Herr Weiss haben. In diesem Fall aber ist unser Empfinden für den Inhalt der Wörter stärker als die Grammatik.
Wie lauten die Steigerungsformen von «völlig», «schwanger», «viereckig», «tropfnass», «tot»? Diese Adjektive könnte man zwar rein formal steigern, doch sie bezeichnen inhaltlich absolute Zustände. So ist eine Frau entweder schwanger oder nicht; auch wenn sie im 8. Monat ist, kann sie nicht «schwangerer» sein als ihre Freundin im 4. Monat.
Wörter wie «optimal» und «maximal» bezeichnen bereits eine Höchststufe und können daher nicht weiter gesteigert werden. Auch Adjektive, die durch andere Wörter verstärkt werden (z. B. rabenschwarz, grundehrlich), drücken gewissermassen eine Höchststufe aus, sind also nicht steigerbar.

Übung 1

Ergänzen Sie die fehlenden Formen.

Positiv	Komparativ	Superlativ
....	....	die meisten …
....	näher	....
blau	....	....
....	dunkler	....
....	....	die wärmsten …

Übung 2

Setzen Sie, wo möglich, die Komparativform.

ein	(scharf)	....	Gewürz
ein	(bequem)	....	Stuhl
eine	(wahr)	....	Geschichte
ein	(schlau)	....	Trick
ein	(tapfer)	....	Junge
	(trocken)	....	Wetter

Übung 3

Setzen Sie, wo möglich, die Superlativform.

die	(verblüffend)	....	Leistung
der	(grob)	....	Stoff
die	(schnell möglich)	....	Entscheidung
die	(gemeinsam)	....	Mahlzeit
das	(vielverkauft)	....	Buch
das	(gegenseitig)	....	Verständnis

Übung 4

Bilden Sie Sätze mit den unten stehenden Informationen aus dem «Lexikon der Superlative».
Beispiel: Eber Big Boy: 863,6 kg > Das fetteste Schwein der Welt ist der Eber Big Boy.

4.1 Kürbis in Ontario/Kanada: 408 kg
4.2 Assalsee in Ostafrika: 35 % Salzgehalt
4.3 Chinesische Mauer: 2500 km
4.4 Leuchtturm in der Bretagne/Frankreich: Leuchtkraft 500 Mio. Kerzen
4.5 Gemälde «Portrait Dr. Gachet» von Vincent van Gogh: 75 Mio. US-Dollar
4.6 Brille in Bochum/Deutschland: 13,4 mm lang, 5,7 mm hoch

Übung 5

Wie lauten die fehlenden Adjektive in den Redewendungen?

Die .... Bauern haben die .... Kartoffeln/Das ist ein .... Fressen. Den Gürtel .... schnallen/Wie ein Blitz aus .... Himmel/Am .... Hebel sitzen/Mit .... Haut davonkommen/Eine .... Kugel schieben/Die Ratten verlassen das .... Schiff.

Pronomen

Pronomen treten als Begleiter oder als Stellvertreter des Nomens auf: *Unser* Chef lebt in Zürich (das Pronomen «unser» begleitet das Nomen «Chef»). *Er* hat einen langen Arbeitsweg (das Pronomen «er» steht für «unser Chef»). In der Regel sind sie deklinierbar, d.h. sie können in die Fälle gesetzt werden: Ich kenne *ihn* schon lange. Ich möchte *ihm* ein Kompliment machen (*ihn* und *ihm* sind deklinierte Formen von *er*).

Nach ihrer Aufgabe im Satz werden Pronomen in zehn Untergruppen eingeteilt. Manche Formen kommen in mehr als einer Untergruppe vor. Das Wort *die* beispielsweise kann, je nach Kontext, sowohl Demonstrativpronomen, bestimmter Artikel als auch Relativpronomen sein.

Welche Torte hätten Sie gerne? Ich nehme **die** hier.	**Demonstrativpronomen**
Die Katze liegt hinter dem Ofen.	**bestimmter Artikel**
Die meisten Leute, **die** ich persönlich kenne, sind Nichtraucher.	**Relativpronomen**

Übersicht über die Unterarten der Pronomen

Personalpronomen

ich	mir	mich
du	dir	dich
wir	uns	
ihr	euch	
er	ihm	ihn
sie	ihr	sie
es	ihm	es
sie	ihnen	sie

Reflexivpronomen

mir	mich
dir	dich
uns	
euch	
sich	
einander	

Possessivpronomen

mein
dein
unser
euer
sein
ihr
sein
ihr

Demonstrativpronomen

dieser
jener
derselbe
derjenige
solcher
der, die, das

Interrogativpronomen

wer, was
welcher
was für (ein)

Relativpronomen

wer, was
welcher
der, die, das

Bestimmter Artikel

der, die, das

Best. Zahlpronomen

ein, eine, ein
zwei, drei, vier …
zehn, elf, zwölf …
zwanzig, dreissig …
einunddreissig …
hundert …
tausend …
hunderttausend
999 999

Unbestimmter Artikel

ein, eine, ein

Indefinitpronomen

ein, eine, ein

			einige
			etliche
			manche
man	irgendein		allerlei
jedermann	irgendwelche		mancherlei
jemand	kein		dreierlei
niemand	alle	ein bisschen	unsereiner
nichts	sämtliche	ein wenig	deinesgleichen
etwas	beide	ein paar	genug

(Aus: Walter Heuer: «Richtiges Deutsch», NZZ-Verlag, 1999, S. 106)

Übung 1

Setzen Sie die fehlenden Pronomen ein.

1.1 Dieses Buch ist das spannendste, ... ich je gelesen habe.

1.2 Sie klauten alles, ... sie habhaft werden konnten.

1.3 Das ist eine Gefahr, ... man sich nicht aussetzen sollte.

1.4 Der Fahrer, wegen .... unsicherer Fahrweise der Unfall geschah, hielt an.

1.5 Das Unterhaltendste, ... ich am Wochenende geniesse, ist ein Krimi.

1.6 Das Angebot hielt eindeutig nicht, ... es versprach.

1.7 Es wird eine Untersuchung geben, ... Dauer noch nicht abzuschätzen ist.

1.8 Die Arbeit stellt Ansprüche, ... nicht alle gewachsen sind.

Übung 2

Setzen Sie die Pronomen im richtigen Fall ein.

2.1 (ihr) Habt ..../.................................. verirrt?

2.2 (sie, 3. Pers. Pl.) Wir versichern ...., dass ..../.................................. bei uns wohlfühlen werden.

2.3 (wir) Wer wird sich .... annehmen, wenn .... eingetroffen sind?

2.4 (du) Warum schämst ..../................................../.................................. Eltern?

2.5 (sie, 3. Pers. Sg.) Bitte nehmen Sie sich .... an und erklären Sie ...., was .... zu tun hat.

Übung 3

Unterstreichen Sie in den Sätzen alle Pronomen. Bestimmen Sie diese und tragen Sie sie in die Liste ein. In Klammern finden Sie die Nummer des Satzes.

Satz 1: Man nahm sich ihrer Anliegen an und erklärte ihnen manches, was ihnen vorher nicht eingeleuchtet hatte.

Satz 2: Die Tabelle erlaubt es euch, die Massnahmen und deren Auswirkungen auf einen Blick zu erfassen.

Satz 3: Das ist ein Auto, das sich gut an diejenigen verkaufen lässt, welche ihre Ansprüche an Sicherheit stellen, denn es ist nach modernsten Erkenntnissen von uns gebaut worden.

Personalpronomen .... (1) .... (1) .... (2)
.... (2) .... (3) .... (3)

Possessivpronomen .... (1) .... (2) .... (3)

Demonstrativpronomen .... (3) .... (3)

Reflexivpronomen .... (1) .... (3)

Relativpronomen .... (1) .... (3) .... (3)

Indefinitpronomen .... (1) .... (1)

Artikel, bestimmt .... (2) .... (2)

Artikel, unbestimmt .... (2) .... (3)

Präposition und Konjunktion

Die Partikel ist die einzige Wortart, deren Wörter *unveränderlich* sind. Bei der Bestimmung der Wortarten nennt man sie auch «Restgruppe», d.h. es handelt sich meist um kurze Wörter, die für sich genommen oft keine anschauliche Bedeutung haben. Je nach ihrer Aufgabe im Satz unterscheidet man bei den Partikeln vier Unterarten: *Präpositionen, Konjunktionen, Adverbien* und *Interjektionen*. Sie erfüllen vielfältige Funktionen. Sie drücken Beziehungen aus, stellen Verbindungen her und sorgen für Nuancen in der Bedeutung anderer Wörter.

Präposition

Präpositionen drücken Verhältnisse und Beziehungen zwischen Wörtern aus. Welchen Bedeutungsunterschied eine einzige Präposition bewirken kann, sieht man in den folgenden beiden Sätzen:
Ich stimme **für** den alten Präsidenten – Ich stimme **gegen** den alten Präsidenten. Grammatikalisch gesehen weisen Präpositionen dem Ausdruck, bei dem sie stehen, einen bestimmten Kasus zu. Das kann der Akkusativ sein (Dieses Geschenk ist **für** dich), der Dativ (Zeige nicht **mit** dem Finger) oder der Genitiv (Der Ball war **ausserhalb** des Spielfeldes), nie aber der Nominativ. Das Wörterbuch gibt Auskunft darüber, welchen Fall eine Präposition verlangt.
Die meisten Präpositionen stehen vor dem abhängigen Wort oder der Wortgruppe, manche sind aber auch nachgestellt (unserer Oma **zuliebe**). Es gibt ausserdem zwei- und dreigliedrige Präpositionen, so dass ein Ausdruck auch umklammert werden kann (**bis zum** Montag, **um** des Friedens **willen**).
Manchmal werden Präpositionen mit dem bestimmten sächlichen oder männlichen Artikel in einem Wort geschrieben: in dem > im, durch das > durchs. (Man setzt in solchen Fällen keinen Apostroph.)

Konjunktion

Konjunktionen verbinden Wörter, Wortgruppen, Teilsätze und Sätze.

Man spricht einerseits von **beiordnenden Konjunktionen**. Diese verknüpfen einzelne Wörter (Sie assen Brot **und** Käse) und Hauptsätze (Der Mann beeilte sich, **denn** es war schon zehn vor acht).
Beispiele für beiordnende Konjunktionen sind:
und, auch, sowie, sowohl ... als auch, weder ... noch, nicht nur ... sondern auch, oder, aber, doch, statt, ausser, denn, nämlich, wie, als, denn ...

Andererseits gibt es auch **unterordnende Konjunktionen**. Diese leiten Nebensätze ein. An der Konjunktion können wir die Beziehung des Nebensatzes zum Hauptsatz oder zum übergeordneten Satz ablesen. So ist es ein Unterschied, ob wir einen Tatbestand nur annehmen, wie im Satz: «Es freut mich, **wenn** du mir hilfst», oder ob wir von einem tatsächlichen Tatbestand ausgehen, wie bei: «Es freut mich, **dass** du uns hilfst.» Der Unterschied liegt sprachlich nur bei der Wahl der Konjunktion.
Beispiele für unterordnende Konjunktionen:
dass, ob, wenn, weil, da, obwohl, nachdem, als, seit, falls, damit, ohne dass ...

Übung 1

Unterscheiden Sie zwischen Präpositionen (P) und Konjunktionen (K).

1.1 **Bei** (........) einem Kaffee plauderten wir **über** (........) alles Mögliche.

1.2 **Falls** (........) der Zug Verspätung hat, warte ich **im** (........) Restaurant.

1.3 Der Chef ist den Angestellten **gegenüber** (........) korrekt, **doch** (........) er kann **wegen** (........) kleinen Fehlern auch wütend werden.

1.4 Der Angeklagte wurde **mangels** (........) Beweisen freigesprochen.

1.5 **Bis** (........) er endlich die Rede beendete, war ich **vor** (........) Langeweile eingeschlafen.

1.6 Er besitzt **weder** (........) einen Fernseher **noch** (........) ein Radio.

1.7 **Nachdem** (........) wir **im** (........) Hotel angekommen waren, gingen wir sofort **zu** (........) Bett.

Übung 2

Ergänzen Sie Wörter und, wo nötig, Endungen.

2.1 Ihr Interesse .... unser........ Produkt........

2.2 Ihre Vorliebe .... neu........ Kleider........

2.3 Die Genugtuung .... den Sieg.

2.4 gleichgültig .... Kritik.

2.5 erschrocken .... diese........ Nachricht.

2.6 interessiert .... dies........ Geschäft.

2.7 Du musst dich .... Unvermeidliche fügen.

2.8 Das veranlasst uns .... ein........ genau........ Prüfung.

2.9 Ich habe kein Vertrauen mehr .... ein........ solch........ Apparat.

Übung 3

Ergänzen Sie die Sätze mit je einer passenden Präposition.
Schlagen Sie, wenn nötig, den Fall im Wörterbuch nach.
angesichts/anhand/entgegen/entsprechend/halber/inmitten/kraft/mangels/ungeachtet/zugunsten

3.1 .... des Defizits hat der Bundesrat Sparmassnahmen beschlossen.

3.2 .... des Defizits will der Nationalrat die Ausgaben erhöhen.

3.3 .... Taschengeld kann ich mir die Stiefel nicht kaufen.

3.4 Der Einfachheit .... schicke ich das Bestellformular gleich mit.

3.5 .... Zusage kann er nun doch nicht pünktlich liefern.

Übung 4

In jedem Satz steckt ein Fehler. Verbessern Sie.

4.1 Nachdem Ihr Auto im Parkverbot steht, erhalten Sie eine Busse. ....

4.2 Wir müssen ruhig sein, dass die anderen nicht erwachen. ....

4.3 Er führte bis vor dem Ziel, um dann durch Sturz auszuscheiden. ....

4.4 Auch wenn sie hart trainierte, hat sie das Rennen trotzdem verloren. ....

Adverb und Interjektion

Adverb

Adverbien geben die näheren Umstände eines Geschehens an. Da diese Partikelgruppe sehr verschiedene Wörter umfasst, wird sie oft nach dem Ausscheidungsverfahren ermittelt. Das heisst, wenn eine Partikel keine Präposition, Konjunktion oder Interjektion ist, muss es sich um ein Adverb handeln. Funktion und Charakter des Adverbs lassen sich mit folgender Einteilung in Grundarten besser verstehen:

Adverb des Ortes (wo? woher? wohin?)	draussen, überall, da, dort, oben, unten …
Adverb der Zeit (wann? wie oft?)	sofort, heute, nie, oft, dreimal, vorher, immer …
Adverb der Art und Weise (wie?)	möglicherweise, leider, nicht, nur, kaum, fast …
Adverb des Grundes (warum?)	nämlich, deshalb, dadurch, folglich, demzufolge …

Die Adverbien gehören zu den Partikeln und sind somit **unveränderbar**. Nur einige wenige Adverbien können gesteigert werden:
Gestern fühlte ich mich **wohl**, viel **wohler** als vor zwei Tagen, heute fühle ich mich **am wohlsten**.
Sie hätte **gerne** ein Fahrrad, **lieber** ein Mountainbike als einen Dreigänger; **am liebsten** ein rotes.
Doch auch wenn Komparationsformen ein Kriterium für die Wortart Adjektiv sind, bleiben oben genannte Wörter Adverbien. Sie lassen sich nämlich nicht deklinieren. Ein Adverb kann daher nicht vor einem Nomen stehen. (Test: das gerne Essen, das leider Ereignis)

Unterscheidung zwischen Präposition, Konjunktion, Adverb

Bei der genaueren Bestimmung der Partikeln müssen wir beachten, dass es Partikeln gibt, die je nach Funktion mehr als einer der Unterarten zugeordnet werden können.

Beispiele:
> Ich ging zum Bankomaten, **da** ich Geld benötigte. («da» verbindet den Haupt- mit dem Nebensatz und ist eine Konjunktion)
> Deine Brieftasche liegt **da**. («da» bezeichnet einen Ort und ist ein Adverb)

> Wir trafen uns **während** der Pause. («während» verlangt den Genitiv und ist eine Präposition)
> Wir lachten oft, **während** wir uns unterhielten. («während» verbindet den Haupt- mit dem Nebensatz und ist hier eine Konjunktion)

Interjektion

Interjektionen sind Wörter, die ausserhalb von vollständigen Sätzen stehen und im Prinzip selbstständige Äusserungen darstellen. Dazu zählen Wörter wie **ja, danke, hallo, psst** (Interjektionen im Gespräch), **ach, hm, hahaha** (Interjektionen als Ausdrücke von Empfindungen), **miau, peng** (Tier- und Geräuschnachahmungen).

Übung 1

Unterstreichen Sie alle Adverbien und bestimmen Sie diese.

«Nach seinem unerwartet hohen Gewinn wurde ein Lotto-Millionär ständig nach seinen Plänen befragt. Er sagte, er sei grundsätzlich ein eher bescheidener Mensch. Daher wolle er nun höchstens eine etwas grössere Wohnung mieten und ansonsten gerne so weiterleben wie bisher. Da sich der Mann durch seine Millionen auch tatsächlich nicht von seinem gewohnten Lebensstil abbringen liess, wurde es bald wieder still um ihn.»

Übung 2

Streichen Sie das Adverb, das nicht in die Wortreihe passt.

Unsere Familie trifft sich …	häufig – ab und zu – öfter – wiederholt
Ich komme …	vorher – vorbei – zuvor – früher
Er wusste dies …	bereits – schon – sogleich – unlängst
Die Freunde verreisen …	vielleicht – kaum – allenfalls – möglicherweise
Sie sprach …	offenherzig – geradeheraus – freilich – freimütig
Die Polizei handelte …	sofort – augenblicklich – unverhohlen – unverzüglich

Übung 3

Kombinieren Sie die Adverbien mit den Verben zu geläufigen Ausdrücken.
vielmals/kaum/rundweg/pünktlich/fast/nicht/selten/unverzüglich/krankheitshalber/inkognito

.... beginnen

.... anwesend sein

sich .... entscheiden können

sich .... bedanken

.... aufgeben

.... reisen

etwas .... ablehnen

.... fehlen

.... handeln

sich .... bewegen können

Übung 4

Verstärken Sie mit verschiedenen Adverbien.

.... glücklich sein

.... beeindruckt werden

.... verdutzt sein

.... verwöhnt werden

.... schön gefördert sein

.... spannend dargestellt

Übung 5

Ergänzen Sie die fehlenden Zwischenstufen.
Beispiel: Der Magier war *unübertrefflich – ausgesprochen – sehr – ziemlich – nicht* geschickt.

Unser Chef ist *nie* – .... – .... – .... – .... – *ständig* abwesend.

Dieses Kunstwerk ist *keinesfalls* – .... – .... – . ... – .... – *garantiert* echt.

Einführung

Das Verb ist die umfangreichste aller Wortarten. Während Nomen ausdrücken, wovon die Rede ist, beschreibt das Verb Vorgänge, Handlungen und Abläufe. Mit der Wahl des treffenden Verbs haben wir die Möglichkeit, eine Handlung sehr genau wiederzugeben. Stellen wir uns nur vor, auf wie viele Arten man sich fortbewegen kann: *gehen, laufen, spazieren, schlendern, schreiten, stolzieren, bummeln, hinken, sich schleppen, trippeln, schlurfen* usw.

Formale Funktionen des Verbs

- Es teilt mit der Konjugation jeder handelnden Person eine eigene Verbform zu (ich breche/du brichst).
- Es zeigt den Zeitpunkt eines Vorgangs (bricht/brach/wird brechen).
- Es bezeichnet Tatsache oder Möglichkeit (bricht/bräche).
- Es drückt aktive Handlung und passive Behandlung aus (bricht/wird gebrochen).

Wer kennt nicht die Schwierigkeiten beim Erlernen von Fremdsprachen, wo man für jede Person die korrekte Form wissen muss. Wenn man dann diese Formen kennt, geht es weiter mit dem Lernen der verschiedenen Zeiten. In der Muttersprache kennen wir viele Formen vom Sprachgefühl her, andere müssen – wie in den Fremdsprachen – immer wieder geübt werden.

Formen

Neben den **Vollverben**, welche die Handlung selber beschreiben, kennen wir auch die **Modalverben**, welche die Handlung der Vollverben modifizieren (Er **kann/will** dir helfen.) Die **Hilfsverben** unterstützen uns bei der Bildung der Verbformen (ich **habe** gegessen/ihr **seid** gewesen/wir **werden** warten).
Wer Verben korrekt verwendet, spricht eine Sprache gut. So genanntes «Baustellen-Deutsch» erfüllt zwar seinen Zweck, lässt uns aber erkennen, dass hier jemand die Sprache nur notdürftig beherrscht: «Du bringen Bretter, dann ich machen Verschalung und Kollege füllen mit Beton. Wenn wir fertig, du können machen Pause.»
Wir sollten uns nicht nur bemühen, die Formen zu kennen und korrekt anzuwenden, sondern auch bestrebt sein, so viele Verben wie möglich in unseren aktiven Wortschatz aufzunehmen und das treffende Verb im richtigen Moment anzuwenden. So wird unsere Ausdrucksweise abwechslungsreich, anschaulich, genau und differenziert.

Übung 1

Testen Sie Ihre Kenntnisse.
Wie lauten die grammatikalischen Bezeichnungen für folgende Ausdrücke?

1.1 Wirklichkeitsform ....
1.2 rückbezügliche Verben ....
1.3 Grundform ....
1.4 Befehlsform ....
1.5 Zukunft ....
1.6 Vorgegenwart ....
1.7 Möglichkeitsform ....
1.8 3. Stammform (Mittelwort II) ....
1.9 Verb mit Akkusativobjekt ....

Übung 2

2.1 **geschrieben** ist ein
☐ Konjunktiv ☐ Partizip ☐ Komparativ ☐ Perfekt

2.2 **wir hatten vorbereitet** steht im
☐ Perfekt ☐ Präteritum ☐ Partizip ☐ Plusquamperfekt

2.3 **Du hast doch versprochen, du**
☐ kommst … ☐ kommest … ☐ kamst … ☐ kämest …
noch bei mir vorbei.

2.4 Welches ist eine Passivform?
☐ es wird behauptet ☐ es wurde dunkel ☐ sie werden warten ☐ ich wurde böse

2.5 **kommen – kam – gekommen** sind die
☐ Partizipialformen ☐ Grundformen ☐ Stammformen ☐ Konjugationsformen
eines Verbs.

2.6 Für das Verb **winken** heissen die Formen
winken – .... – ....

2.7 Wie lautet der Satz im Perfekt: **Ich höre ihn nicht kommen.**
Ich habe ....

2.8 Welche sind starke Verben?
☐ singen ☐ machen ☐ stellen ☐ glauben ☐ ziehen ☐ rufen

2.9 **wir flogen** lautet im Konjunktiv: ....

2.10 Sie rief die Feuerwehr, weil im Keller ein Brand (ausbrechen) ....

Übung 3

Finden Sie Verben, die Folgendes bedeuten.

3.1 etwas sehr laut sagen: ....
3.2 hastig essen: ....
3.3 viel zu schnell fahren: ....
3.4 nicht tief schlafen: ....
3.5 unentwegt schauen: ....
3.6 heftig zittern: ....
3.7 lautlos gehen: ....
3.8 viele Dinge aufeinanderlegen: ....
3.9 mit rauer Stimme sprechen: ....
3.10 oberflächlich durchlesen: ....

Arten

Die Verben lassen sich in verschiedene Kategorien unterteilen, weil sie sich in der Anwendung unterschiedlich verhalten.

Man unterscheidet folgende Verb-Arten:

> Absolute Verben	Sie können nicht durch ein Objekt ergänzt werden. Die Rosen **blühen**. Er **schläft**.
> Transitive Verben	Das Objekt steht im Akkusativ. Sie **zeichnet** einen Stern. Wir **backen** Brot.
> Intransitive Verben	Das Objekt steht im Dativ oder Genitiv. Ich **helfe** meinem Kollegen. Sie **gedenken** des Opfers.
> Reflexive Verben	Das Objekt entspricht dem Subjekt. Wir **freuen** uns. Er **ärgert** sich.
> Unpersönliche Verben	Diese Verben können nur mit *es* gebraucht werden. Es **regnet**. Es **dämmert**.
> Modalverben (siehe Verb 3)	Sie modifizieren die Bedeutung des Hauptverbs. Wir **können** nicht kommen. Sie **müssen** warten.
> Hilfsverben	Sie helfen, das Verb in die gewünschte Form zu setzen. Das **werden** wir ja sehen. Ich **bin** erschrocken. Du **hast** lange gewartet.

Hilfsverben

Hilfsverben gibt es drei:	**haben**	(für Perfekt/Plusquamperfekt): Ich habe/hatte gesehen.
	sein	(für Perfekt/Plusquamperfekt): Sie ist/war gegangen.
	werden	(für Futur): Sie werden helfen.
		(für Passiv): Sie werden betreut.

Futur II benötigt 2 Hilfsverben: Sie **werden** es vergessen **haben**.
Futur Passiv benötigt zweimal das Hilfsverb **werden**: Sie **werden** abgeholt **werden**.

Reflexive Verben

- Es gibt rein reflexive Verben, zum Beispiel **sich irren**, **sich schämen**.
  Man kann nicht sagen: Ich habe dich geirrt. Oder: Wir haben euch geschämt.
- Das Verb **sich ärgern** dagegen kann reflexiv oder transitiv gebraucht werden:
  Ich ärgere mich./Ich ärgere dich.

Das Partizip Perfekt kann als Adjektiv verwendet werden:
- bei transitiven Verben (Passiv möglich): Die Tasche wurde gefunden > die gefundene Tasche
- bei vielen mit **sein** konjugierten Verben: Der Dieb ist entwischt > der entwischte Dieb

jedoch nicht
- bei Verben, die mit **haben** konjugiert sind: Der Trainer hat mitgespielt.
  Falsch: der mitgespielte Trainer
- bei reflexiven Verben: Falsch: ein sich gebildetes Loch; die sich verirrten Wanderer

Übung 1

Welche Verben sind rein reflexive Verben? Unterstreichen Sie.

verschlafen, ärgern, irren, freuen, fragen, zwingen, vornehmen, leisten, ausruhen, verzichten, täuschen, überlegen

Ein Verb der Liste ist überhaupt nicht reflexiv: ....

Übung 2

Machen Sie mit den Verben, die in Übung 1 nicht nur reflexiv sein können, je einen Beispielsatz: reflexiv/nicht reflexiv. Beispiel:

waschen: Nach der langen Reise habe ich mich gewaschen. Ich habe das Auto gewaschen.

.... : ....

.... : ....

.... : ....

.... : ....

Übung 3

Teilen Sie allen Verb-Kategorien eines der folgenden Verben zu.

telefonieren, mögen, auskennen, betreuen, grünen, vertrauen, gähnen, umsehen, werden, bellen

absolut: .... transitiv: ....

intransitiv: .... reflexiv: ....

unpersönlich: .... Modalverb: ....

Hilfsverb: ....

Welche 3 Verben bleiben übrig? In welche Kategorien gehören sie?

Übung 4

Bezeichnet das Hilfsverb *werden* hier ein Futur (F) oder ein Passiv (P)?

4.1 Sie werden alles betreuen. (........)

4.2 Wo wirst du eingesetzt werden? (........)

4.3 Meine Einwände werden nicht akzeptiert. (........)

4.4 Ohne Hilfe wird er das nicht schaffen. (........)

Übung 5

Hilfsverben können auch allein, also ohne Hauptverb in einem Satz vorkommen. Zeigen Sie dies mit je einem Beispiel.

.... : ....

.... : ....

.... : ....

Übung 6

Richtig (R) oder falsch (F)?

6.1 der abgelehnte Vorschlag (........)

6.2 das sich gebildete Loch (........)

6.3 die gestiegenen Kosten (........)

6.4 die stattgefundene Ausstellung (........)

6.5 der aufgegangene Mond (........)

6.6 die abgeschriebenen Aufgaben (........)

6.7 das sich ereignete Unglück (........)

6.8 die geblühten Rosen (........)

Modalverben

Funktion der Modalverben

Modalverben werden in der Regel einem Hauptverb beigesellt. Die Aussage des Hauptverbs bleibt zwar bestehen, wird aber durch das Modalverb und dessen Bedeutung modifiziert.

Die sechs Modalverben des Deutschen

Nicht jede Sprache kennt die gleichen Modalverben. (Im Englischen gilt z. B. **to want [wollen]** als Vollverb.)
Im Deutschen gibt es sechs Modalverben: **können, müssen, dürfen, wollen, sollen, mögen**

Modalverben verleihen einer Aussage eine spezielle Bedeutung. Das sieht man gut an einem Beispiel. Es wird jedesmal gearbeitet, aber die Umstände sind immer anders.

Heute	**kann**	ich arbeiten.	Ich bin imstande dazu.
	muss		Ich bin verpflichtet dazu.
	darf		Es ist mir erlaubt.
	will		Ich habe den Wunsch.
	soll		Ich bin dazu aufgefordert.
	mag		Ich fühle mich fit genug.

Es kommt dazu, dass ein Modalverb mehrere Bedeutungen haben kann:
Ich kann nicht am Fest teilnehmen.
Will der Sprecher ausdrücken, es sei ihm nicht möglich, weil er z. B. krank ist, oder hat er die Eltern gefragt und sie haben es ihm nicht gestattet?

Sie soll in der Personalabteilung arbeiten.
Ist das ein Auftrag an sie, oder ist es ein Gerücht?

Es gilt stilistisch als besser, wenn man Modalverben nicht allein stehen lässt, sondern noch ein Vollverb dazugibt.
Sie muss noch in die Stadt. > Sie muss noch in die Stadt fahren.
Wenn ich 18 bin, darf ich in jede Bar. > Wenn ich 18 bin, darf ich jede Bar besuchen.

Modalverben im Perfekt

Wenn wir Modalverben ins Perfekt setzen, werden wir mit einem kleinen Problem konfrontiert: Steht das Modalverb allein, steht die Form im Partizip Perfekt:
Ich kann die Aufgabe nicht. > Ich habe die Aufgabe nicht **gekonnt**.
Steht hingegen das Vollverb auch da, stehen beide im Infinitiv:
Ich kann die Aufgabe nicht lösen. > Ich habe die Aufgabe nicht **lösen können**.
Das gilt übrigens auch für *sehen* und *hören*: Ich habe dich nicht rufen hören. Ich habe ihn aus dem Haus kommen sehen.

Übung 1

Setzen Sie Modalverben ein, um die in Klammern angegebene Bedeutung zu erhalten. Benützen Sie jedes Modalverb nur einmal.

1.1 Sie .... schwimmen. (Fähigkeit)

1.2 Wir .... uns beeilen. (Pflicht)

1.3 Ich .... um acht Uhr dort sein. (Absicht)

1.4 Das .... schwierig werden. (Vermutung)

1.5 Er .... jetzt einen Kaffee trinken. (Wunsch)

1.6 Du .... rasch zum Chef gehen. (Auftrag)

Übung 2

Modalverben haben nicht nur eine Bedeutung. Geben Sie in den Beispielen an, was die Modalverben ausdrücken. Beispiel: **Kannst** du gut zeichnen? **(Fähigkeit)**

2.1 Ich **kann** das Gejammer nicht mehr hören. ....

2.2 **Kann** ich rasch deinen Taschenrechner haben? ....

2.3 Das **kann** Probleme geben. ....

2.4 Ich **muss** noch meine Aufgaben machen. ....

2.5 Ein Flugzeug zu fliegen **muss** schwierig sein. ....

2.6 Jetzt **muss** ich einen Kaffee haben. ....

2.7 **Darfst** du das Auto deiner Eltern benützen? ....

2.8 Das **darf** doch nicht wahr sein! ....

2.9 Es **dürfte** schwierig sein, ihn zu überzeugen. ....

2.10 Sie **mag** zwar vieles wissen, aber das stimmt nicht. ....

2.11 Ich **mag** den Koffer nicht mehr länger tragen. ....

2.12 Was **mag** in diesem Päckchen sein? ....

2.13 Ich **will** mein Geld zurück. ....

2.14 Was **willst** du in einem solchen Fall tun? ....

2.15 Sie **wollen** keine Ahnung davon haben. ....

2.16 Die Schauspielerin **soll** heimlich geheiratet haben. ....

2.17 Der **soll** nur kommen! Ich werde ihm die Meinung sagen. ....

2.18 So **sollte** es eigentlich stimmen. ....

2.19 Hier **sollte** doch ein Hotel gebaut werden. ....

Übung 3

Setzen Sie folgende Sätze ins Perfekt.

3.1 Ich mag ihren Hund nicht. ....

3.2 Er darf das Auto nicht benützen. ....

3.3 Willst du das wirklich? ....

3.4 Ich kann das nicht verstehen. ....

3.5 Er will sie anrufen. ....

3.6 Wir müssen gehorchen. ....

3.7 Hörst du das Telefon nicht läuten? ....

Die Stammformen

Wenn wir Verben konjugieren, müssen wir viele Formen kennen und korrekt anwenden, z. B. beim Gebrauch der Zeiten. Wenn man sich einige grundsätzliche Formen merkt, bekommt man die Verbformen etwas besser in den Griff. Eine gute Methode ist die Beherrschung der Stammformen. Von diesen lassen sich weitere Formen ableiten. Auch in den Fremdsprachen leistet die Kenntnis der Stammformen gute Dienste, vor allem bei der Bildung der Zeiten (z. B. im Englischen: to take – took – taken).

Die drei Stammformen

Man unterscheidet folgende drei Stammformen:

Infinitiv des Verbs	Er zeigt, wie die Grundform des Verbs aussieht.
Präteritum-Form	Sie kann sich von der Grundform recht stark unterscheiden (fliegen – flog). Sie dient dazu, Präteritum-Formen (Erzählform) und daraus abgeleitete Konjunktiv-II-Formen zu konstruieren.
Partizip Perfekt	Es wird für die Bildung von Perfekt, Plusquamperfekt, Futur II und Passiv benötigt.

Starke, schwache und gemischte Verben

Mit Hilfe der Stammformen lassen sich die Verben auch kategorisieren. Man unterscheidet die Verben nach ihrem «Verhalten» bei den Stammformen:

Schwache Verben (regelmässig)	Sie ändern ihre Grundstruktur nicht, sondern hängen bei den Stammformen nur **-te** resp. **-t** an: spielen > spiel**te** > gespiel**t** lachen > lach**te** > gelach**t**
Starke Verben (unregelmässig)	Sie sind so stark, dass sie ihren Stammvokal zu ändern vermögen. Das Partizip endet auf **-en**. Die Stammformen sehen dabei manchmal ganz unterschiedlich aus: fahren > fuhr > gef**ahren** fliegen > flog > gefl**ogen**
Gemischte Verben	Sie haben Merkmale aus beiden Kategorien; sie ändern den Stammvokal wie die starken Verben, haben aber Endungen wie die schwachen Verben. rennen > **rannte** > ger**annt** wissen > **wusste** > gew**usst**

Wenn neue Verben in die Sprache kommen, erhalten sie immer schwache Stammformen:
managen > gemanagt; stylen > gestylt

Als Faustregel gilt: Ist das Präteritum schwach, ist es auch das Partizip.
Heisst es **gewinkt** oder **gewunken**? Präteritum ist nicht **wank**, sondern **winkte** – also heisst es: **winken – winkte – gewinkt**

Was sich reimt, hat nicht immer dieselben Stammformen:

trinken > trank > getrunken	winken > winkte > gewinkt
sehen > sah > gesehen	drehen > drehte > gedreht
vermeiden > vermied > vermieden	beneiden > beneidete > beneidet

Übung 1

Bestimmen Sie: starkes (st), schwaches (sw) oder gemischtes (gm) Verb?

stimmen (............), rufen (............), hören (............), schalten (............), melden (............), brennen (............), setzen (............), verbeugen (............), bringen (............), fliessen (............), laden (............), riechen (............), denken (............), erlöschen (............)

Übung 2

Wie lauten die Stammformen?

überzeugen	....	....
schwingen	....	....
bieten	....	....
zeigen	....	....
stossen	....	....
blinken	....	....
trimmen	....	....
enttäuschen	....	....
versenken	....	....
schimpfen	....	....
gleiten	....	....
halten	....	....
schieben	....	....
rufen	....	....

Übung 3

Finden Sie ein Verb, das sich reimt, aber zur anderen Kategorie gehört.

Beispiel:	**sinken**	**sank**	**gesunken**	**(stark)**
	hinken	**hinkte**	**gehinkt**	**(schwach)**
3.1	schweben	....	....	....
	....	....	....	....
3.2	tragen	....	....	....
	....	....	....	....
3.3	kaufen	....	....	....
	....	....	....	....
3.4	schlafen	....	....	....
	....	....	....	....
3.5	fassen	....	....	....
	....	....	....	....
3.6	sitzen	....	....	....
	....	....	....	....

Übung 4

Bei folgenden Verben ändert sich die Bedeutung, wenn sie stark oder schwach sind. Zeigen Sie das mit Beispielsätzen im Präteritum oder Perfekt. Verben: erschrecken/wachsen/schleifen/schaffen/bewegen

Die sechs Zeiten

Das deutsche Verb kann in sechs Zeiten gesetzt werden. Jede dieser Zeiten hat ihre eigene Konjugation und ihren eigenen Verwendungszweck. Gewisse Zeiten haben mehrere Anwendungen.

Grund-Zeiten/«Vor»-Zeiten

Man unterscheidet zwischen den Grund- oder «Haupt»-Zeiten (gestern: Vergangenheit; heute: Gegenwart; morgen: Zukunft) und den jeweiligen «Vor»-Zeiten (Vorvergangenheit, Vorgegenwart, Vorzukunft).

«Haupt»-Zeiten	Präsens	(Gegenwart)
	Präteritum	(Vergangenheit)
	Futur	(Zukunft)
«Vor»-Zeiten	Perfekt	(Vorgegenwart)
	Plusquamperfekt	(Vorvergangenheit)
	Futur II	(Vorzukunft)

Bildung der Formen

Von diesen sechs Zeiten sind nur Präsens und Präteritum Ein-Wort-Formen:
Präsens: ich gehe/ich spiele
Präteritum: ich ging/ich spielte

Die anderen Zeiten werden mit Hilfsverben gebildet:
> Futur (**werden**): ich werde gehen/ich werde spielen
> Perfekt (**sein/haben** im Präsens): ich bin gegangen/ich habe gespielt
> Plusquamperfekt (**sein/haben** im Präteritum): ich war gegangen/ich hatte gespielt
> Futur II (**werden** und **sein/haben**): ich werde gegangen sein/ich werde gespielt haben

In den drei «Vor»-Zeiten steht das Hauptverb (gehen/spielen) immer im Partizip Perfekt (**gegangen/gespielt**).

Das Plusquamperfekt ist eigentlich die «Vergangenheit» des Perfekts.

Die sechs Zeiten im Indikativ

Präsens	ich spiele	ich gehe
Präteritum	ich spielte	ich ging
Futur	ich werde spielen	ich werde gehen
Perfekt	ich habe gespielt	ich bin gegangen
Plusquamperfekt	ich hatte gespielt	ich war gegangen
Futur II	ich werde gespielt haben	ich werde gegangen sein

Übung 1

Bestimmen Sie die Zeit in den folgenden Formen.

1.1 wir wussten ....
1.2 sie werden heimgegangen sein ....
1.3 du trittst ein ....
1.4 ihr wart gerannt ....
1.5 Der Vater schalt uns. ....
1.6 Wirst du mitfahren dürfen? ....
1.7 Sie hatten die Hilfe abgelehnt. ....
1.8 Es wird dunkel. ....
1.9 Sind sie spazieren gegangen? ....
1.10 Er wird nicht fertig geworden sein. ....
1.11 Das hat mich geärgert. ....
1.12 Das wird schwierig werden. ....

Übung 2

Setzen Sie in die verlangten Zeitformen.

2.1 Präteritum «blasen»: Der Wind ....
2.2 Futur «eintreffen»: Wir ....
2.3 Präteritum «pfeifen»: Er .... ein Lied.
2.4 Perfekt «scheinen»: Die Sonne ....
2.5 Plusquamperfekt «ausgleiten»: Sie ....
2.6 Präsens «empfehlen»: Der Arzt .... Ruhe.
2.7 Futur II «nehmen»: Du ....
2.8 Perfekt «winken»: Die Kollegen ....
2.9 Präsens «erhalten»: Du .... einen Gutschein.
2.10 Präteritum «erklimmen»: Sie .... den Gipfel.
2.11 Plusquamperfekt «verschwinden»: Er ....
2.12 Präteritum «sich biegen»: Die Bäume ....
2.13 Präteritum «schieben»: Ich .... mein Velo.
2.14 Perfekt «schreien»: Ein Tier ....
2.15 Futur II «abreisen»: Er ....
2.16 Futur «sehen»: Ihr ....
2.17 Präteritum «beneiden»: Wir .... ihn um seine schöne Wohnung.

Übung 3

Setzen Sie diese Verbformen, ohne auf der linken Seite nachzusehen, in alle sechs Zeiten.

3.1 du (erhalten) 3.2 ihr (kaufen) 3.3 wir (rennen) 3.4 er (gesehen werden)

Zeitenfolge

Der Zeitstrahl

Wenn man sich die Zeit als einen Zeitstrahl vorstellt, können die sechs Zeiten des Verbs folgendermassen dargestellt werden:

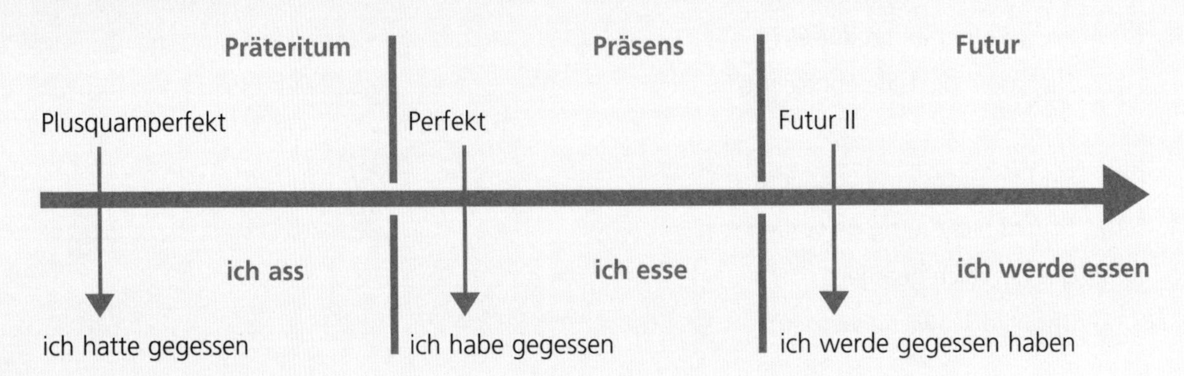

Basiszeit und Vorzeitigkeit

Im Sprachgebrauch sind nur das Präsens oder das Präteritum (selten das Futur) die «Basiszeiten», auf denen man eine sprachliche Äusserung aufbaut. Wenn etwas beschrieben wird, was sich vor der Basiszeit ereignet hat, wählt man bei Basiszeit Präsens das Perfekt; bei Basiszeit Präteritum das Plusquamperfekt.

Basiszeit Präsens: Er **ärgert** sich, (Präsens)
weil er seinen Regenschirm **vergessen hat**. (vorher > Perfekt)

Basiszeit Präteritum: **machten** wir uns auf den Weg. (Präteritum)
Nachdem wir uns **gestärkt hatten**, (vorher > Plusquamperfekt)

Anwendung der Zeiten

Präsens	Gegenwärtiges allgemein Gültiges Zukünftiges dramatische Erzählform (z. B. Witz) Beschreibung und Zusammenfassung	Die Sonne scheint. Die Sonne geht im Osten auf. Morgen fahren wir in die Ferien. Da kommt einer und schnauzt mich an.
Präteritum	Erzählform	Er setzte sich hin und begann zu schreiben.
Futur	Zukünftiges Vermutung	Ich werde dich morgen anrufen. Sie wird noch schlafen.
Perfekt	Soeben Abgeschlossenes Tatsachen der Vergangenheit Vorzukunft	Ich habe einen Brief geschrieben. Kolumbus hat Amerika entdeckt. In einer Woche haben wir die Prüfungen überstanden.
Plusquamperfekt	Vorzeitiges zum Präteritum	Nachdem er gegessen hatte, ging er zu Bett.
Futur II	Vermutungen über Vergangenes	Er wird sich verschlafen haben.

Übung 1

Setzen Sie die Verbform in die verlangte Zeit.
Beispiel: Sie wird telefonieren. > Präteritum: Sie telefonierte.

1.1 Sie sind gekommen. > Plusquamperfekt: ……………

1.2 Wir werden gut speisen. > Futur II: ……………

1.3 Du schwimmst. > Perfekt: ……………

1.4 Er wurde verhaftet. > Perfekt: ……………

1.5 Eine Wespe hatte mich gestochen. > Präteritum: ……………

1.6 Ich werde gezwungen. > Futur: ……………

1.7 Jemand schreit laut. > Präteritum: ……………

1.8 Du wirst empfohlen haben. > Präsens: ……………

1.9 Ihr bratet. > Präteritum: ……………

1.10 Er wird frieren. > Plusquamperfekt: ……………

Übung 2

Setzen Sie die Verben in die richtige Form. Achten Sie dabei auf Vorzeitigkeit.

2.1 Gestern (merken) …………… wir, dass wir (vergessen) ……………, die Bestellung abzuschicken.

2.2 Nachdem ich mich (überzeugen) ……………, dass alles beisammen (sein) ……………, (beginnen) …………… ich, die Ausrüstung, die ich (bereitlegen) ……………, ins Auto zu laden.

2.3 Sie (hereinkommen) ……………, (rufen) …………… die Sekretärin und (bitten) …………… sie um die Unterlagen, die sie ihr am Morgen (geben) ……………

2.4 Auf dem Fundbüro (melden) …………… sich ein Herr, der seine Aktentasche (verlieren) ……………

2.5 Hörst du, wie er (fluchen) ……………, weil er Wein (verschütten) …………… und es einen Fleck (geben) ……………, den er (reinigen müssen) ……………?

2.6 Sie telefonierte der Feuerwehr, weil im Keller ein Brand (ausbrechen) ……………

2.7 Wir (aufbrechen) ……………, sobald du dich (umziehen) ……………

2.8 Man (nicht viel/sehen) ……………, als wir die Berghütte (erreichen) ……………, denn die Sonne (schon/untergehen) ……………

Übung 3

Fehler aus Schüleraufsätzen. Verbessern Sie.

3.1 Wir konnten uns nicht vorstellen, dass sie weggelaufen ist.
3.2 Oft wachte ich auf und habe geträumt, dass mich ein Tier anfiel.
3.3 Bevor der Zug wegfuhr, verabschiedeten wir uns von den Freunden, die uns zum Bahnhof begleiteten.
3.4 Nachdem ich vier Monate arbeitete, wollte ich mir wieder Ferien gönnen.
3.5 Es wurde mir bewusst, dass heute der entscheidende Tag ist.
3.6 Ich wartete auf die Kollegen und erzählte ihnen in aller Hast, was vorfiel.

Die Aussagearten 1: Imperativ und Indikativ

Mit der Verbform lässt sich ausdrücken, ob ein Sachverhalt tatsächlich so ist, wie man sagt, oder ob er so sein könne oder könnte. Die beiden Formen, die tatsächliche Gegebenheiten beschreiben, sind die Befehlsform (Imperativ) und natürlich die Wirklichkeitsform (Indikativ).

Der Imperativ

Man kann folgende Imperativformen unterscheiden:

2. Person Singular (Du-Form)	Komm! Warte!
2. Person Plural (Ihr-Form)	Kommt! Wartet!
Höflichkeitsform	Kommen Sie! Warten Sie!
1. Person Plural	Packen wirs an! Sparen wir Energie!

Dass es gerade diese Befehlsformen gibt, ist nicht zwingend. Das Französische kennt gleiche (Pars! Partez!) und andere (Partons!), das Englische hat nur eine (Come!).
Wo die 2. Person Singular den Stammvokal von -e- zu -i- wechselt, macht die Imperativform diesen Wechsel mit: **Nehmen: Du nimmst > Nimm! Befehlen: Du befiehlst > Befiehl!**
Bei Umlaut ist dies aber nicht der Fall: **Fahren: Du fährst > Fahr!**

Der Indikativ

Der Indikativ ist die «Normalform» des konjugierten Verbs.
Es hat also jede Zeit eine Indikativform.

Präsens	ich spiele/ich gehe
Präteritum	ich spielte/ich ging
Futur	ich werde spielen/ich werde gehen
Perfekt	ich habe gespielt/ich bin gegangen
Plusquamperfekt	ich hatte gespielt/ich war gegangen
Futur II	ich werde gespielt haben/ich werde gegangen sein

Mit dem Indikativ werden wirkliche Handlungen beschrieben, deshalb heisst der Indikativ auf Deutsch **Wirklichkeitsform**.

Übung 1

Wie lauten die Imperativ-Formen zu folgenden Verben?

geben ....

zusehen ....

lesen ....

sich waschen ....

vorsichtig sein ....

keine Angst haben ....

Übung 2

Finden Sie selber die Imperativformen für je zwei Verben,

– die den Stammvokal von -e- zu -i- wechseln:

nehmen	Nimm.	Nehmt.	Nehmen Sie.
....	....	....	....
....	....	....	....

– die reflexiv sind:

sich bewegen	Beweg dich.	Bewegt euch.	Bewegen Sie sich.
....	....	....	....
....	....	....	....

– die Vorsilben haben:

aufpassen	Pass auf.	Passt auf.	Passen Sie auf.
....	....	....	....
....	....	....	....

Übung 3

Konjugieren Sie folgende Verben im Indikativ Präsens und Perfekt.

fahren/machen		**fahren/machen**	
ich	....	wir	....
du	....	ihr	....
er, sie, es	....	sie	....

Übung 4

Wie lauten folgende Verbformen? Beispiel: 3. Pers. Sg. n. Plusquamperfekt **regnen**: es hatte geregnet

4.1 2. Pers. Sg. Präs. **glauben**: ....

4.2 2. Pers. Pl. Futur **sich freuen**: ....

4.3 3. Pers. Pl. Perfekt **reiten**: ....

4.4 2. Pers. Pl. Präteritum **schicken**: ....

4.5 1. Pers Sg. Futur II **weggehen**: ....

Übung 5

Bereiten Sie für einen Partner bzw. eine Partnerin selber fünf verschiedene Aufgaben wie in Übung 4 vor und lassen Sie diese lösen. Nehmen Sie dazu verschiedene Personen und verschiedene Zeiten.

Die Aussagearten 2: Bildung Konjunktiv

Genauso, wie jede Zeit eine Indikativform hat, hat sie auch eine Konjunktivform. Es ist immer der konjugierte Teil des Verbs, der in den Konjunktiv gesetzt wird.

Der Konjunktiv I

Der Konjunktiv I (auch Konjunktiv Präsens genannt) leitet sich aus dem Verb-Stamm ab wie beim Indikativ, dazu kommen Konjunktiv-Endungen.

Indikativ		**Konjunktiv I**	
ich	geh e	ich	geh e
du	geh st	du	geh est
er	geh t	er	geh e
wir	geh en	wir	geh en
ihr	geh t	ihr	geh et
sie	geh en	sie	geh en

Der Stamm (**geh-**) ist also bei beiden Konjugationen gleich. Dazu kommen die jeweiligen Indikativ- oder Konjunktiv-Endungen.

Der Konjunktiv II

Der Konjunktiv II (auch Konjunktiv Präteritum genannt) leitet sich aus dem Präteritum-Stamm ab, dazu kommen die Konjunktiv-Endungen.

Starke Verben:

Indikativ		**Konjunktiv II**	
ich	ging	ich	ging e
du	ging st	du	ging est
er	ging	er	ging e
wir	ging en	wir	ging en
ihr	ging t	ihr	ging et
sie	ging en	sie	ging en

Bei starken Verben tritt in der Regel ein Umlaut auf:
sah > **sähe** flog > **flöge** fuhr > **führe**
(Stammlaut -i- [wie im Beispiel] bleibt unverändert.)

Schwache Verben:

Indikativ		**Konjunktiv II**	
ich	spielt e	ich	spielt e
du	spielt est	du	spielt est
er	spielt e	er	spielt e
wir	spielt en	wir	spielt en
ihr	spielt et	ihr	spielt et
sie	spielt en	sie	spielt en

Bei schwachen Verben gibt es zwischen Indikativ Präteritum und Konjunktiv Präteritum nirgends einen Unterschied.

Übung 1

Konjugieren Sie im Präsens.

	trinken		sprechen		zeigen	
	Indikativ	Konjunktiv	Indikativ	Konjunktiv	Indikativ	Konjunktiv
ich	....	....	....	....	....	....
du	....	....	....	....	....	....
er, sie, es	....	....	....	....	....	....
wir	....	....	....	....	....	....
ihr	....	....	....	....	....	....
sie	....	....	....	....	....	....

Markieren Sie: Wo sind beide Formen gleich?

Übung 2

Konjugieren Sie im Präteritum.

	nehmen		fangen		sagen	
	Indikativ	Konjunktiv	Indikativ	Konjunktiv	Indikativ	Konjunktiv
ich	....	....	....	....	....	....
du	....	....	....	....	....	....
er, sie, es	....	....	....	....	....	....
wir	....	....	....	....	....	....
ihr	....	....	....	....	....	....
sie	....	....	....	....	....	....

Markieren Sie: Wo sind beide Formen gleich?

Übung 3

Setzen Sie die Verbformen am richtigen Ort in die Tabelle ein. Ergänzen Sie dann die restlichen Formen.
3.1 du gehest 3.2 sie hielten 3.3 ich wisse 3.4 ihr sässet 3.5 wir haben 3.6 sie sehe 3.7 sie schlafen 3.8 du machtest 3.9 ich zöge 3.10 es brannte 3.11 wir führen 3.12 wir führen (Erkennen Sie beide Möglichkeiten?)

Beispiel:	**er kommt**	**er komme**	**er kam**	**er käme**
3.1	....	....	....	....
3.2	....	....	....	....
3.3	....	....	....	....
3.4	....	....	....	....
3.5	....	....	....	....
3.6	....	....	....	....
3.7	....	....	....	....
3.8	....	....	....	....
3.9	....	....	....	....
3.10	....	....	....	....
3.11	....	....	....	....
3.12	....	....	....	....

Die Aussagearten 3: Gebrauch Konjunktiv I

Vereinzelt wird der Konjunktiv I bei Wünschen oder Aufforderungen gebraucht: Sie lebe hoch! Er ruhe in Frieden! Dem Himmel sei Dank! Man nehme...

Der Konjunktiv I ist aber vor allem die Form der indirekten Rede.

Sie hat geschrieben: «Ich treffe um acht Uhr ein.»	Sie hat geschrieben, sie **treffe** um acht Uhr ein.
Er behauptete: «Ich habe mich verschlafen.»	Er behauptete, er **habe** sich verschlafen.

Der gemischte Konjunktiv

Wenn wir uns nochmals die Formen vor Augen führen, erkennen wir das Problem: Bei einigen Formen (die in der Tabelle unten mit * gekennzeichnet sind) gibt es keinen formalen Unterschied zwischen der Indikativform und der Konjunktiv-I-Form. Für die indirekte Rede gilt aber die Grundregel:

Bei der indirekten Rede soll sich die Verbform von der Indikativform unterscheiden!

Ist dies nicht der Fall, müssen wir als Ersatzform den Konjunktiv II nehmen.

Indikativ Präsens	Konjunktiv I	Konjunktiv II	gemischter Konj.
ich komme	ich komme*	**ich käme**	**ich käme**
du kommst	**du kommest**	du kämest	**du kommest**
er/sie/es kommt	**er/sie/es komme**	er/sie/es käme	**er/sie/es komme**
wir kommen	wir kommen*	**wir kämen**	**wir kämen**
ihr kommt	**ihr kommet**	ihr kämet	**ihr kommet**
sie kommen	sie kommen*	**sie kämen**	**sie kämen**

In der indirekten Rede wendet man also den **gemischten Konjunktiv** an, der immer dort, wo es möglich ist, aus Konjunktiv-I-Formen besteht. Wo sich die Formen nicht vom Indikativ unterscheiden, weicht man auf Konjunktiv II aus.

Hinweis zum Sprachgebrauch: Heute nimmt der Gebrauch von Konjunktiv II für indirekte Rede in allen Formen immer stärker überhand. Sie sagt, die Ware **wäre** erst morgen versandbereit, weil es eine Verspätung gegeben **hätte** (statt: **sei/habe**). Solche Formen sind aber nach wie vor nicht korrekt in der Hochsprache.

Wird in der direkten Rede Präteritum verwendet, ergibt dies in der indirekten Rede Konjunktiv Perfekt (in Ausweichformen Konjunktiv Plusquamperfekt):
«Ich kam zu spät, weil alle Züge Verspätung hatten.»
Er sagt, er **sei** zu spät **gekommen**, weil alle Züge Verspätung **gehabt hätten**.

Übung 1

Erstellen Sie eine Liste (siehe links) und arbeiten Sie den gemischten Konjunktiv für das Verb **sehen** heraus.

Indikativ Präsens	Konjunktiv I	Konjunktiv II	gem. Konjunktiv
....	....	....	....
....	....	....	....
....	....	....	....
....	....	....	....
....	....	....	....
....	....	....	....

Übung 2

Streichen Sie die nicht korrekten Formen heraus, z. B. Sie sagten, die Lieferung ~~trifft~~/treffe/~~träfe~~ bald ein.

2.1 Er sagt, er **kann/könne/könnte** das nicht verstehen.

2.2 Sie erwiderten, sie **haben/hätten** gar nichts unternommen.

2.3 Du sagtest, du **siehst/sehest/sähest** keinen Sinn darin.

2.4 Ich bin der Meinung, das **verstösst/verstosse/verstiesse** gegen die Regeln.

2.5 Der Bauer befürchtet, es **gebe/gäbe** ein Gewitter.

2.6 Warum behauptet ihr, ihr **wisset/wüsstet** nichts davon?

2.7 Er wandte ein, Stoffbezüge **kosten/kosteten** zu viel und **lassen/liessen** sich nur schlecht reinigen.

Übung 3

Setzen Sie in die indirekte Rede.

3.1 «Wer sich nicht eincremt, riskiert einen Sonnenbrand.»
Der Arzt warnte, ...

3.2 «Wer solche Risiken eingeht, muss sich nicht wundern, wenn es Unfälle gibt.»
Ein Experte meinte, ...
....

3.3 «Wir waren gestern im Kino und sahen den neuen James-Bond-Film.»
Ein Kollege sagte, ...

3.4 «Diese Vorhänge gefallen mir nicht.» Die Kundin sagte, ...

3.5 «Ich helfe dir gerne.» Du hast doch gesagt, du ....

3.6 «Wir nehmen den Zug.» Sie sagen, ...

3.7 «Ich glaube nicht, dass ich fertig werde.»
Die Freundin erklärte, ...

3.8 «Hör auf, sonst gibt es ein Unglück!»
Peter warnte, ...

3.9 «Wir haben gutes Wetter und wandern viel.»
Sie schreiben, ...

3.10 «Wann kommt Herr Braun endlich?»
Der Chef wollte wissen, ...

Die Aussagearten 4: Gebrauch Konjunktiv II

> Mit dem Konjunktiv II drückt man manchmal Wünsche aus:
Wenn sie nur endlich käme! Hätte ich doch bald Ferien!
> Gelegentlich kann man auch Unsicherheit zeigen:
Gäbest du ihm das Geld? Wüsstest du, wie man das macht?
> Auch als Höflichkeitsform wird der Konjunktiv II verwendet:
Könnten Sie bitte das Fenster öffnen? Hätten Sie rasch Zeit für mich?

In erster Linie drückt der Konjunktiv II Bedingungen aus.

Ich hätte grosse Freude, wenn ich gewänne.
Wenn diese beiden Fehler nicht wären, hätte ich eine Sechs bekommen.

Unterscheidung Indikativ/Konjunktiv

Indikativ	Konjunktiv II	Indikativ	Konjunktiv II
ich kam	ich käme	ich ging	ich ginge
du kamst	du kämest	du gingst	du gingest
er/sie/es kam	er/sie/es käme	er/sie/es ging	er/sie/es ginge
wir kamen	wir kämen	wir gingen	wir gingen*
ihr kamt	ihr kämet	ihr gingt	ihr ginget
sie kamen	sie kämen	sie gingen	sie gingen*

Bei den starken Verben mit Umlaut ist die Konjunktiv-II-Form kein Problem.
sah > sähe flog > flöge fuhr > führe

Bei den starken Verben ohne Umlaut tauchen wieder gleiche Formen wie beim Indikativ auf (*).

Bei den schwachen Verben ist eine Unterscheidung nirgends möglich: Alle Formen des Konjunktivs II sind genau gleich wie diejenigen des Indikativs Präteritum!

würde als Ersatz von Konjunktiv II

Solange in einem Satz mindestens eine Form ein deutlicher Konjunktiv II ist, erkennt man den Satz klar als Bedingungssatz.
Unterscheiden sich aber bei beiden Verben in einem Bedingungssatz Indikativ- und Konjunktivform nicht, wird der Satz zweideutig: **Wenn wir Lärm machten, reklamierten die Nachbarn.**
Kann verstanden werden:
> Zeitlich: Jedesmal, wenn wir laut waren, kamen die Nachbarn und reklamierten.
> Bedingung: Sollte es laut zugehen, kommen womöglich die Nachbarn und schimpfen.
In einem solchen Fall muss im Bedingungssatz auf **würde** zurückgegriffen werden:
Wenn wir Lärm machten, **würden** die Nachbarn reklamieren.

Stilistischer Hinweis: Wenn es vorkommen würde, dass das Wort **würde** bei allen Verbformen im Bedingungssatz gebraucht würde, würde man nur die eine Form ersetzen und würde die andere stehen lassen. Man merkt, das tönt langweilig. Also nur einmal **würde** pro Satz verwenden, und zwar nicht im **wenn**-Teil. Die restlichen Formen bleiben im Konjunktiv II. Ebenso wird die würde-Form vorgezogen, wenn die Konjunktiv-II-Form veraltet wirkt: schwimmen > schwämme, backen > büke

Übung 1

Setzen Sie überall konsequent Konjunktiv II ein.

1.1 Wenn ich mehr Geld (haben) ...., (kaufen) .... ich mir viele schöne Kleider.

1.2 Wenn du am Turnier (teilnehmen) ...., (kommen) .... du bestimmt auf einen Spitzenplatz.

1.3 Der Chef (schimpfen) ...., wenn wir hier (rauchen) ....

1.4 Wenn jetzt ein Funke (entstehen) ...., (explodieren) .... die ganze Sache.

1.5 Ich (tragen) .... deine Tasche schon, wenn sie dir zu schwer (sein) ....

1.6 Wenn es (regnen) ...., (gehen) .... wir mit dem Bus.

1.7 Wenn es (regnen) ...., (nehmen) .... wir den Bus.

1.8 (Bremsen) .... Sie, wenn eine Katze über die Strasse (laufen) ....?

1.9 Ich (antworten) .... nicht, wenn er mich (fragen) ....

1.10 Wenn es heftig (stürmen) ...., (schliessen) .... ich die Fensterläden.

Welche der obigen Sätze sind nun klare Bedingungssätze? Schreiben Sie die zweideutigen Sätze hier als Bedingungssätze auf, indem Sie die **würde**-Form am richtigen Ort zu Hilfe nehmen.

....

....

....

....

....

Übung 2

Was täten Sie in folgenden Situationen? Verwenden Sie unterschiedliche Verben in Konjunktiv-II-Formen und vermeiden Sie nach Möglichkeit das Wort «würde».
Beispiel: Ein Brand bricht aus. > Wenn ein Brand ausbräche, riefe ich die Feuerwehr.

2.1 Sie treffen Ihren Lieblingsschauspieler/Ihre liebste Sängerin.
2.2 Sie gewinnen 1 Million im Lotto.
2.3 Sie halten eine Ansprache zum 1. August.
2.4 Sie beobachten einen Banküberfall.
2.5 Sie verlieren den Hausschlüssel.
2.6 Die Polizei will Sie verhaften.
2.7 Sie finden eine Brieftasche mit 5000 Franken.
2.8 Das Fernsehen macht eine Sendung über Sie.
2.9 Ein UFO landet vor Ihrem Haus.
2.10 Ein Bundesrat oder eine Bundesrätin lädt Sie zum Essen ein.

Übung 3

Interviewen Sie einen Partner mit den Beispielen oben. Erfinden Sie auch eigene Fragen.
Frage: Was tätest du, wenn ein Brand ausbräche? – Antwort: Ich riefe die Feuerwehr.

Die Zustandsformen: Aktiv/Passiv

Mit den Verbformen kann man anzeigen, ob jemand eine Handlung selber ausführt oder ob mit jemandem etwas geschieht, d. h. ob der Handlungsträger «ausserhalb» des Subjekts ist. Das geschieht mit Hilfe der Aktiv- und Passivformen.

Aktive und passive Verbformen

Zeit	Aktiv	Passiv
Präsens	ich belohne	ich werde belohnt
Präteritum	ich belohnte	ich wurde belohnt
Futur	ich werde belohnen	ich werde belohnt werden
Perfekt	ich habe belohnt	ich bin belohnt worden
Plusquamperfekt	ich hatte belohnt	ich war belohnt worden
Futur II	ich werde belohnt haben	ich werde belohnt worden sein

In der Aktiv-Form handelt das Subjekt selbst. In der Passiv-Form wird das Subjekt be-handelt; es wird etwas mit ihm gemacht. (Aber auch dort, wo die Passiv-Form verwendet wird, ist jemand/etwas aktiv: Das Auto wird gefahren. – Hier ist ein Mensch aktiv, welcher das Auto fährt.)
Um herauszufinden, ob eine Verbform aktiv oder passiv ist, setzt man sie ins Präsens. Bleibt das Hilfsverb *werden* erhalten, ist es ein Passiv. Sie werden gefunden haben > sie finden (aktiv).
Es ist gestreikt worden > es wird gestreikt (passiv).
(Ist *werden* das einzige Verb, ist es aber aktiv: Es wird dunkel.)

Regeln zur Anwendung

Wo jemand/etwas selber handelt, wird in der Regel die aktive Form vorgezogen.
> Mein Kollege schlug eine Änderung vor.
> Die Jugendlichen haben mehrere Autos gestohlen.
> Ein Spezialist entschärfte die Bombe.

Die passive Form kommt zum Zuge, wenn der Urheber einer Handlung nicht so wichtig ist:
> Die Bombe wurde entschärft. (Es geht um die Bombe.)
> Das vermisste Kind ist wohlbehalten aufgefunden worden. (Wichtig ist das Kind.)

Die passive Form setzt man auch ein, wenn der Urheber der Handlung nicht bekannt ist:
> In der Nacht wurden zwei Autos gestohlen.
> Wie werden die Passagiere vom Flughafen zum Hotel gebracht?

Das Passiv sollte nicht dazu verwendet werden, die handelnde Person zu «verstecken». Die Dinge oder Personen dürfen ruhig beim Namen genannt werden.
Beispiel: **> Zuerst wird gegessen und dann wird Fernsehen geschaut.**
Besser: **> Zuerst essen wir und dann schauen wir Fernsehen.**

Übung 1

Aktiv (A) oder Passiv (P)? Machen Sie bei Unsicherheiten die «Präsens-Probe».

1.1 es blinkt (........) 1.2 wir werden hören (........) 1.3 wir waren überholt worden (........) 1.4 es muss festgestellt werden (........) 1.5 sie sind gewandert (........) 1.6 sie wird geschrieben haben (........) 1.7 er wurde eingeholt (........) 1.8 es wurde dunkel (........)

Übung 2

Setzen Sie ins Passiv, ohne die Zeit zu ändern. (Person weglassen)

2.1 Er beantwortet den Brief.
2.2 Der Feind beschoss das Schiff.
2.3 Wir werden die Kirschen ernten.
2.4 Ich hatte den Papierkorb geleert.
2.5 Sie haben das Haus abgerissen.

2.1 ....

2.2 ....

2.3 ....

2.4 ....

2.5 ....

Übung 3

Entscheiden Sie zuerst, ob die Sätze aktiv oder passiv sind. Setzen Sie diese anschliessend in die jeweils andere Form, ohne die Zeit zu verändern.
Beispiel: Die Aufgabe wird von mir gelöst. (passiv) – Aktiv: Ich löse die Aufgabe.

3.1 Von einem Passanten wurde die Polizei gerufen.

....

3.2 Unbekannte haben die Dorfbank überfallen.

....

3.3 Wir werden das Essen um 20 Uhr servieren.

....

3.4 Jemand hatte die Szene fotografiert.

....

3.5 Sie vergassen die Sache wieder.

....

3.6 Wir werden vom Lehrer aufgerufen und abgefragt.

....

3.7 Das Fussballspiel ist vom Fernsehen übertragen worden.

....

3.8 Die Vorwürfe müssen möglichst rasch überprüft werden.

....

3.9 Die Reparatur hätte von der Firma längst ausgeführt werden sollen.

....

3.10 Man kann den Schaden noch nicht abschätzen.

....

Einführung

Können Sie recht schreiben? Oder heisst es «rechtschreiben» oder sogar «Recht schreiben»? – Schon sind wir mitten im Thema. Die deutsche Rechtschreibung ist ein ziemlich kompliziertes Regelwerk, das kaum jemand ohne Hilfe von Nachschlagewerken durchschaut. Konsultieren wir also für das vorliegende Problem ein Hilfsmittel, den Duden Band 1, Rechtschreibung. Unter dem Stichwort «Rechtschreibebuch» finden wir: «rechtschreiben; er kann nicht rechtschreiben, aber er kann nicht recht schreiben (er schreibt unbeholfen).» – Die Schreibweise ist in diesem Fall von der Bedeutung abhängig. Da sich die eingangs gestellte Frage auf die Fähigkeit bezieht, Wörter korrekt zu schreiben, heisst es also: «Können Sie rechtschreiben?»

Rechtschreibetest

Testen Sie sich mit folgender Übung selbst. Wie lautet die korrekte Form nach den Regeln der neuen Rechtschreibung?

	A	B
1.	☐ Stengel	☐ Stängel
2.	☐ Bestellliste	☐ Bestelliste
3.	☐ Foto	☐ Photo
4.	☐ Retorik	☐ Rhetorik
5.	☐ Rhythmus	☐ Rythmus
6.	☐ Babys	☐ Babies
7.	☐ heim bringen	☐ heimbringen
8.	☐ Rad fahren	☐ radfahren
9.	☐ angsterfüllt	☐ Angst erfüllt
10.	☐ sitzenbleiben	☐ sitzen bleiben
11.	☐ geheimhalten	☐ geheim halten
12.	☐ aneinanderfügen	☐ aneinander fügen
13.	☐ da sein	☐ dasein
14.	☐ irgend etwas	☐ irgendetwas
15.	☐ 5-Eck	☐ 5 Eck
16.	☐ 20-er Jahre	☐ 20er-Jahre
17.	☐ in bezug auf	☐ in Bezug auf
18.	☐ die erste Hilfe	☐ die Erste Hilfe
19.	☐ alles Andere	☐ alles andere
20.	☐ im Voraus	☐ im voraus

So können Sie Ihre Rechtschreibesicherheit steigern

Die deutsche Rechtschreibung ist auch mit dem neuen Regelwerk nicht einfacher geworden. Hier ein paar hilfreiche Tipps, wie Sie Ihre Rechtschreibesicherheit laufend verbessern können:

> Kurze Textabschnitte nach der ersten Lektüre nochmals durchgehen und sich auf die Schreibweise der Wörter konzentrieren
> Wortbilder genau anschauen und einprägen (z. B. «Rhythmus»)
> Kurze Texte abschreiben und/oder sich diktieren lassen
> Eine Liste anlegen mit Wörtern, die Sie wiederholt falsch schreiben (siehe Seite 110 ff.)
> Deutlich sprechen/lesen und genau hinhören (z. B. alarmieren, nicht alamieren)
> Nach verwandten Wörtern suchen (z. B. Nachnahme/er nahm; Nachname/der Name)
> Auf die Bedeutung achten (wieder = nochmals; wider = gegen)
> Eigene Texte kritisch und aufmerksam durchlesen; bei Unsicherheit immer in einem Wörterbuch nachschlagen

Lösungen Rechtschreibe-Test: 1B, 2A, 3A/B, 4B, 5A, 6A, 7B, 8A, 9A, 10A/B, 11B, 12A, 13A, 14B, 15A, 16B, 17B, 18A/B, 19A/B, 20A

Übung 1

Diktieren Sie einander Wörter aus einem Rechtschreibewörterbuch. Kontrollieren Sie jeweils das geschriebene Wort sofort. Korrigieren Sie, wenn nötig.

Übung 2

Erstellen Sie eine Liste mit Wörtern. Bauen Sie bewusst kleine Fehler ein. Lassen Sie die Liste korrigieren und verbessern Sie selber solche Übungen.

Übung 3

In jeden Abschnitt hat sich eine unbestimmte Anzahl Fehler eingeschlichen. Suchen und korrigieren Sie diese. Schlagen Sie bei Unsicherheiten im Wörterbuch nach.

Abschnitt 1: Welche Rolle spielt die Schule heute in der Entwicklung junger Menschen? Was für eine Beziehung besteht zwischen Lehrern und Schülern? Bereitet die Schule auf den harten Existenzkampf in der Wirtschaft vor? Wird in ihr intelektuelle Dressur betrieben? Werden vor allem jene Fächer fociert, die nachher zu materiell verwertbaren Fähigkeiten und Kentnissen führen? Oder geht sie darauf aus, im Sinne der grossen Pädagogen und Psychologen alle Begabungen, die der Mensch besitzen kann, zu endecken, zu fördern, aus jugentlichen Menschen zu machen, die sowohl vom äussern wie auch vom inneren Reichtum der Welt etwas erahnen und verstehen?

Abschnitt 2: Diese Fragen können weder eindeutig mit ja noch mit nein beantwortet werden. In erster Linie hängt es von der Lehrperson ab. Wo ein Mann oder eine Frau zu diesem vielleicht schönsten – und schwersten – aller Berufe berufen ist, wo es ihnen zur immer wieder erneuerten Lust und zur akzeptierten Last wird, junge Menschen zu führen, suptil, freundlich und doch stark, wo Sie es verstehen, Augen zu öffnen, Welten zu öffnen, Horizonte zu erweitern, nach innen und nach aussen, dort wird die Schule zum Glücksfall. Hier ereignet sich wirklich ein Stück Menschwertung, wie Pestalozzi es gesagt hat: «Mensch ist man nicht, Mensch wird man.»

Abschnitt 3: Es wird zeit, das wir uns über den Sinn unserer Schulen wieder einmal grundsätzlich Gedanken machen. Die Kordinierung und Angleichung der Schulsysteme ist eine Wichtige und notwändige, aber keine entscheidende Sache. Wenn wir sie in den Mittelpunkt unserer Bemühungen stellen, lenken wir nur vom echten Problem ab und der Menschenbildung nähren wir uns nicht.

(Aus: Alfred A. Häsler: «Der Aufstand der Söhne», 1969)

Nicht vergessen: Individuelle Wörterliste nachführen!

Vokale, Umlaute, Doppellaute

Zur Erinnerung: Im Kapitel «Laute und Buchstaben» haben wir die grundsätzliche Einteilung der Laute in Vokale und Konsonanten kennen gelernt. Nebst den reinen Vokalen a/e/i/o/u gibt es noch die Kategorie der Umlaute ä/ö/ü und die der Doppellaute oder Zwielaute ei/ai/au/äu/eu. In diesem Kapitel beschäftigen wir uns mit der Rechtschreibung von Wörtern, in denen Vokale zentrale Bestandteile sind.

Lange und kurze Vokale

Achten Sie beim lauten Sprechen folgender Wörter auf die Länge bzw. Kürze des i-Lautes: Tiger, Spiel, Vieh; Hitze, Nickel. Sie merken sofort: Die Vokallänge ist unterschiedlich. Bei den ersten drei Wörtern haben wir lang gesprochene Vokale, bei den letzten beiden kurze. Klar wird auch, dass man sich nicht einfach auf das Schriftbild verlassen kann, denn alle drei langen Vokale werden unterschiedlich wiedergegeben: mit **i** in Tiger, mit **ie** in Spiel und mit **ieh** in Vieh. Daher nochmals der Tipp: Prägen Sie sich nebst den Grundregeln auch die Schriftbilder der Wörter gut ein.

Die wichtigsten Regeln

1. Lang gesprochene Vokale können gekennzeichnet werden:
> durch **ie** (Dieb), **ieh** (fliehen), **ih** (ihnen)
> durch ein Dehnungs-h (Bahn, fahren, lahm, wohl, Uhr, Ehre ...)
> durch Doppelvokale (Haare, Schnee, Zoo, leeren ...)

2. Viele Wörter mit lang gesprochenem Vokal haben jedoch kein Dehnungsmerkmal:
Abend, Regen, Hut, Hase, loben, rot, schade, zuvor, nämlich ...

3. Umlaute werden nie verdoppelt:
Saal/Säle; Haar/Härchen; Boot/Bötchen; Paar/Pärchen

4. Die Schreibung von ä und e kann nicht immer eindeutig herausgehört werden:
Beispiel Stelle/Ställe. Hier kann man sich die Schreibweise mit Hilfe von Ableitungen merken: anstellen > Stelle; Stall > Ställe

5. Nur wenige Wörter werden mit ai geschrieben. Diese kann man sich gut merken:
Haifisch, Kaiser, Laie, Laib, Laich, Waise, Saite, Rain, Detail, detailliert, Mai, Mais, Lakai

Folgende leicht verwechselbare Wörter muss man sich gut einprägen:

wieder (Bedeutung: nochmals)	wider (Bedeutung: gegen)
das Lied (Gesang)	das Lid (am Auge)
die Miene (Gesichtsausdruck)	die Mine (Bergwerk, Sprengkörper, Schreibmine)
der Stiel (Besenstiel)	der Stil (Schreibstil, Kunststil)
die Lehre (Berufslehre)	die Leere (das Nichts)
malen (ein Bild malen)	mahlen (Korn mahlen)
das Mahl (Essen)	das Denkmal (Statue)
die Nachnahme (Rechnung)	der Nachname (Familienname)
es ist wahr	es war spät
die Waage	der Wagen
der Staat	die Stadt
seelisch	selig
Leib (Körper)	Laib (Brot)
Seite (Buchseite)	Saite (Instrument)
Weise (kluge Menschen)	Waise (Kind ohne Eltern)

Übung 1

Diktieren Sie einander folgende Wortpaare. Kontrollieren Sie jeweils das geschriebene Wort sofort. Korrigieren Sie, wenn nötig.

bitten/bieten
Bisse/Bise
Band/Bändel
das Meer/etwas mehr
Nummer/nummerieren
staatlich/stattlich
rahmen/rammen
gemalte Bilder/gemahlenes Korn

Blumenbeet/Bettüberzug
Miete/Mitte
Bühne/Tribüne
Stange/Stängel
Schnauz/schnäuzen
seelisch/mühselig
das Mienenspiel/die Tretmine
das Volkslied/das Augenlid

widerlegen/wiederholen
Ureinwohner/Uhrzeiger
spüren/fühlen
Tiger/Tierreich
zehren/zerren
Stall/Stahl
Qualen/Quallen
Lamm/belämmert

Übung 2

Setzen Sie ein: i/ie/ih/ieh

F..........berkurve, Benz..........n, fl..........en, kap..........ren, Ant..........ke, Iron.........., Masch..........nen, ...nen, B..........bel, er g..........bt, s..........ben, sie empf..........lt, man verm..........d, Br..........se, z..........mlich, spaz..........ren, Law..........ne, F..........berglas, M..........te, ausg..........big, st..........lvoll, das Kn.........., sie schr..........n, er st..........lt, N..........sche, Tr..........b, Poes.........., qu..........tschen.

Übung 3

Wieder oder wider? – Schreiben Sie diese Wörter in die entsprechende Kolonne.
-legen, -beleben, -fahren, -gabe, -natürlich, -aufbau, -holen, -lich, -rechtlich, -rufen, -spenstig, -käuen, -stand, -willig, -sinnig, -wahl, -streben, -setzen, -um, -fordern

Wieder-/wieder- (nochmals)	**Wider-/wider-** (gegen)
....	....
....	....
....	....
....	....
....	....
....	....
....	....
....	....
....	....
....	....

Übung 4

Setzen Sie ein: a/aa/ah; e/ee/eh; o/oo/oh; ä/ö/öh/ü/üh

Das P..........r, ein P..........rchen, sp..........ren, sp..........len, die Geb..........ren, die H..........le, die H..........lle, schw..........r, die Sch..........re, verh..........rend, der Thr..........n, st..........ren, schw..........l, bl..........en, die Bl..........te, das Schicks..........l, die Erdb..........ren, die Sandd..........ne, gr..........len, sich w..........ren, das M..........s

Nicht vergessen: Individuelle Wörterliste nachführen!

Konsonanten

Wie bei den Buchstabenkombinationen mit Vokalen ist es auch bei den Konsonanten nicht immer möglich, die korrekte Schreibweise herauszuhören. Dies liegt vor allem daran, dass bestimmte Laute in der schriftlichen Form in unterschiedlicher Weise wiedergegeben werden. So gibt es zum Beispiel für den x-Laut ganz verschiedene Schreibweisen: He*x*e, O*chs*e, kle*cks*en, ta*gs*über, lin*ks*.
Auch hier gilt: Am besten lernt man die richtige Schreibweise, indem man sich das Schriftbild durch genaues Lesen und wiederholtes Schreiben einprägt und sich die Wörter vor dem geistigen Auge ansieht. Doch wie bei den Vokalen gibt es auch bei den Konsonanten ein paar hilfreiche Regeln.

Die wichtigsten Regeln

1. Spricht man den Stammvokal in einem Wort kurz aus, so wird der nachfolgende Konsonant in der Regel verdoppelt:
> Mitte, Fett, Summe, Kappe, stellen, rennen, bissig, billig, herrlich ...

2. Nach kurz gesprochenen Vokalen steht in der Regel ck und tz:
> Zweck, Acker, Bäcker, nicken, packen, nackt ...
> Platz, Katze, ritzen, schmatzen, setzen ...

3. Bei Fremdwörtern muss man sich folgende Ausnahmen merken:
> Ein paar Fremdwörter schreibt man mit kk oder zz: Akkord/Razzia
> Bei vielen Fremdwörtern gibt es auch nach kurzen Vokalen kein ck: Architekt, Fabrik, Fakten, strikt, Schokolade ...
> Bei einzelnen Fremdwörtern erscheint die Verdoppelung nur bei Erweiterung des Wortes: Job/jobben, Pop/poppig, Jet/jetten, Chat/chatten ...

4. Zu einer Verdoppelung der Konsonanten kommt es auch bei Mehrzahlendungen:
> Geheimnis/Geheimnisse, Freundin/Freundinnen, Zirkus/Zirkusse, Atlas/Atlasse, Bus/Busse ...

5. Das einfache s steht:
> immer am Wortanfang: Salat, sieben, sollen, sicher ...
> nach Konsonanten: Felsen, Amsel, bremsen, rätseln, links ...
> nach lang gesprochenem Vokal: Besen, Wiese, lesen, grasen, endlos, das ...

6. Das Doppel-s steht:
> nach kurz gesprochenen Vokalen: Kasse, Gewissen, essen, wissen, massiv, lässig ...
> immer bei der Konjunktion **dass**: «Ich verstehe nicht, **dass** das Haus abgebrochen wird.»

Folgende Wörter muss man sich besonders gut einprägen:

Tod/todkrank/totschlagen
seid ruhig/seit gestern
bedeutend/bedeutendste
nirgendwo/nirgends
Sympathie/sympathisch
Annullation/annullieren
primitiv/naiv
Ellipse/Parallele
Komödie/Kommode
Tipp/Typ

die Jagd/er jagt
die Stadt/die Werkstatt
erbittert/erbittertster
Thron/Ton
Atmosphäre/Sphäre
Publikum/Republik
ein Sechstel/ein Zehntel
Kamel/Karamell
Karussell/Karosserie
spazieren/platzieren

das Dorf/der Torf
endgültig/entführen
senden/er sandte
Labyrinth/Zylinder
Rhetorik/Rhythmus
Revolver/gravierend
Ebbe/Widder
Paddelboot/Krabbelkind
kariert/Karriere
Schifffahrt/Massstab

Übung 1

Wählen Sie etwa 10 bis 15 Wörter aus der Liste Seite 70 aus. Schreiben Sie zu jedem Wort einen kurzen Satz, in welchem der ausgewählte Begriff inhaltlich sinnvoll vorkommt. Diktieren Sie nun einander die Sätze. Kontrollieren Sie und korrigieren Sie, wenn nötig.

Übung 2

Diktieren Sie einander folgende Wortpaare. Kontrollieren Sie jeweils das geschriebene Wort sofort! Korrigieren Sie, wenn nötig.

seitdem/seit heute
Rabe/Rappe
Nummer/nummerieren
Schifffracht/Schiffbruch
selbstlos/selbstständig (auch: selbständig)
rhetorisch/rhythmisch
Tippfehler/vertippen
Substanz/substanziell (auch: substantiell)
Katarr (auch: Katarrh)/Getto (auch: Ghetto)

Panter (auch: Panther)/Tunfisch (auch: Thunfisch)
Kakadu/Känguru
Defilee/Tournee
karrierebewusst/kleinkariert
Spaziergang/Spatzen
Billett/Trottinett
der Gesandte/die Sendung
paddeln/radeln
tönen/thronen

Übung 3

In den folgenden Sätzen stecken ein paar Fehler. Korrigieren Sie.

3.1 Adam spazierte mit besorgter Mine im Paradies herum. ....

3.2 Man empfielt, die gefürchtesten Stellen sehr vorsichtig zu passieren. ....

3.3 Der Chef war unnachgibig und duldete keine Wiederrede. ....

3.4 Verstöhrt verliess er nach dem Spiel die Tribühne. ....

3.5 Er suchte seine Jacke, die in der Barake am Hacken hing. ....

3.6 Schon immer spukten in seinem Kopf ziemlich verückte Ideen herum. ....

3.7 Sie liess das verschnürrte Paket beim Picknick liegen. ....

3.8 Nun wissen wir, wesshalb wir den Ausgang des Labyrints nicht finden konnten. ....

3.9 Endlich endeckten wir den ausländischen Gesannten und seine Begleiterin. ....

3.10 Der Hausarzt warnte ihn vor allzu grossen Strapatzen. ....

3.11 Ägypten grenzt im Westen an den Wüstenstaat Lybien. ....

3.12 Armut, Drogen, Krieg: Das sind die dringensten Probleme unserer Zeit. ....

Übung 4

Schreiben Sie aus einem Wörterbuch ein paar Begriffe (auch Fremdwörter) heraus und bauen Sie bei einigen bewusst kleine Fehler ein. Lassen Sie die anderen herausfinden, welche Wörter fehlerhaft sind.

Nicht vergessen: Individuelle Wörterliste nachführen!

Getrennt- und Zusammenschreibung

Nirgends sind in Bezug auf die korrekte Schreibung die Zweifelsfälle so zahlreich und die Unsicherheiten so gross wie bei der Getrennt- und Zusammenschreibung. Heisst es nun sitzenbleiben oder sitzen bleiben, Ski fahren oder skifahren, irgendetwas oder irgend etwas, dabeisein oder dabei sein? – Die Ursache für diese Verunsicherung liegt darin, dass es für diesen Bereich der Rechtschreibung noch nie klare und verbindliche Regeln gab. Auch die neue amtliche Rechtschreibung regelt nicht alles; den Schreibenden werden viele Freiheiten gegeben. Also gilt auch hier: Bei Unsicherheiten im Wörterbuch nachschlagen.

Die wichtigsten Regeln

1. Fügungen mit dem Verb *sein* schreibt man immer getrennt:
wach sein, da sein, zufrieden sein, fertig sein, zurück sein, zusammen sein …

2. Wortgruppen aus zwei Verben bzw. aus Verb und Partizip sind in der Regel getrennt zu schreiben:
kennen lernen, stehen bleiben, spazieren gehen, fallen lassen, ruhen lassen …
(«kennen lernen» darf auch zusammengeschrieben werden. Wörter mit «bleiben» oder «lassen» als zweitem Bestandteil dürfen, wenn sie in einem übertragenen Sinn gebraucht werden, ebenfalls zusammengeschrieben werden: sitzenbleiben = nicht in die nächste Klasse aufsteigen können.)

3. Ebenfalls getrennt schreibt man Kombinationen von Partizip und Verb:
getrennt schreiben, gefangen nehmen, geschenkt bekommen …

4. Auch Verbindungen von Nomen und Verb werden in der Regel getrennt geschrieben:
Rad fahren, Ski fahren, Klavier spielen, Halt machen, Bankrott gehen, Angst haben, Schlange stehen ...
Jedoch: das Radfahren, das Klavierspielen, das Schlangestehen, das Zugfahren …
Einige Nomen-Verb-Verbindungen schreibt man aber zusammen: teilnehmen, heimreisen, stattfinden, standhalten, wettmachen, preisgeben, irreführen, wundernehmen, eislaufen, kopfstehen, leidtun, nottun. Auch wenn ein sogenanntes Fugenzeichen die Teile verbindet, schreibt man zusammen, z. B. lebensrettende Massnahmen.

5. Verbindungen von Adjektiv und Verb schreibt man grundsätzlich getrennt:
> sauber halten, freundlich grüssen, besser gehen, ganz klein schneiden …

(In manchen Fällen ist neben der Getrenntschreibung auch die Zusammenschreibung zulässig.)
Ausnahmen: Wenn die Verbindung von Adjektiv und Verb eine neue Gesamtbedeutung hat (wenn das Wort also nicht wörtlich verstanden wird), schreibt man zusammen:
> gutschreiben (anrechnen), freisprechen (für nicht schuldig erklären), schlechtmachen (herabsetzen), satthaben (genug haben), leichtfallen (keine Schwierigkeiten haben), klarsehen (verstehen), näherkommen (in engere Beziehung treten) …

6. Diese Wortverbindungen schreibt man prinzipiell auseinander:
> wie viel, zu viel, zu wenig, so viele, ebenso wenige, ein wenig
> vor allem, ausser dass, gar nicht, immer noch, wieder einmal

7. Diese Wortverbindungen schreibt man prinzipiell zusammen:
> irgendeiner, irgendjemand, irgendetwas, irgendwo …
> nasskalt, taubstumm, bittersüss, superschlau, todlangweilig …
> einmal, zweimal, hundertmal, manchmal …
> zwölfhundert, dreizehntausend (aber: vierzehn Millionen)

Übung 1

Studieren Sie nochmals die Regeln und die Beispiele auf Seite 72. Diktieren Sie danach einander ungefähr 20 Wörter. Schreiben Sie diese in eine Tabelle mit den beiden Spalten «Getrenntschreibung»/«Zusammenschreibung». Am Schluss kontrollieren und korrigieren Sie die Übung.

Übung 2

Ergänzen Sie nach folgendem Beispiel:
das Schlangestehen: lange Schlange stehen müssen

2.1 das Maschinenschreiben: gut .... können

2.2 die Anteilnahme: daran .... können

2.3 die Teilnahme: daran .... müssen

2.4 die Preisgabe: ein Geheimnis .... müssen

2.5 die Heimreise: bald .... müssen

2.6 das Eislaufen: gut .... können

2.7 die Probefahrt: das Auto zuerst .... können

2.8 das Pleitegehen: in kurzer Zeit .... müssen

Übung 3

Bilden Sie aus den gegebenen Adjektiven und Verben sinnvolle Kombinationen. Verwenden Sie jedes Wort nur einmal und achten Sie auf die Getrennt- und Zusammenschreibung.

Adjektive	Verben
offen, fern, gerade, fest, tot, bereit, schwarz, krank, glücklich, leicht, schwer, richtig, besser, genau	sein, nehmen, fallen, stellen, können, lesen, lassen, sehen, sitzen, legen, schlagen, halten, melden

Übung 4

In einigen der folgenden Sätze stecken Fehler. Korrigieren Sie.

4.1 Die Richterin musste den Angeklagten freisprechen.

4.2 Man hat viel zuwenig auf die Sicherheit geachtet.

4.3 Irgend jemand muss die Verantwortung übernehmen.

4.4 Beginnen Sie mit der obenstehenden Übung.

4.5 Heute gibt es viele allein erziehende Väter und Mütter.

4.6 Du musst diesen Roman nun beiseite legen.

4.7 So viel ich weiss, sind die beiden gestern aneinander geraten.

4.8 Man kann diese Firma nicht zugrunde gehen lassen.

4.9 Dieses Vorgehen muss in Frage gestellt werden.

4.10 Sie hat stets ihre Kolleginnen schlecht gemacht.

4.11 Irgend so eine Dame wollte heute die Chefin sprechen.

4.12 Wir werden unsere Strategien nicht bekanntgeben.

Nicht vergessen: Individuelle Wörterliste nachführen!

Grossschreibung

Deutsch ist die einzige Sprache, in der man Nomen grossschreibt. Das war nicht immer so. Martin Luther (1483–1546) verfasste seine handschriftliche Bibelübersetzung vorwiegend in Kleinschrift; verbindliche Rechtschreiberegeln gab es keine. Mit der Zeit begann man zur besonderen Hervorhebung das Wort «GOTT» grosszuschreiben. Später kam die Grossschreibung für Eigennamen und Satzanfänge hinzu. So entstand nach und nach das Neben- und Durcheinander von Gross- und Kleinschreibung. 1880 begann das «Orthographische Wörterbuch» von Konrad Duden mit der Vereinheitlichung der deutschen Rechtschreibung. Im Jahre 1902 wurden seine Regeln für verbindlich erklärt. 1996, fast 100 Jahre später, haben sich die Länder Deutschland, Österreich und Schweiz auf die heute gültige neue Rechtschreibung geeinigt.

Die wichtigsten Regeln

1. Gross schreibt man das erste Wort
> bei einem ganzen Satz: **Bald** werden sie bei uns eintreffen.
> bei einem ganzen Satz nach dem Doppelpunkt: Allen ist klar: **Dieses** Lied wird ein Erfolg.
> bei einer direkten Rede: Sie sagte: «**Immer** schön ruhig bleiben.»
> einer Überschrift: **Die** deutsche Rechtschreibung
> eines Werktitels: **Der** grüne Heinrich, **Vom** Winde verweht, **Mein** Name sei Gantenbein
> eines Strassen- oder Gebäudenamens: die **Untere** Promenade, **Zur** Alten Post

2. Eigennamen:
> mehrteilige Eigennamen: Karl der Grosse, Heinrich der Achte, Napoleon der Zweite …
> geografische und astronomische Namen: das Schwarze Meer, der Nahe Osten, die Dritte Welt, der Grosse Wagen, der Blaue Planet (Erde) …
> Namen von Objekten: das Weisse Haus, der Schiefe Turm von Pisa, die Heilige Schrift …
> historische Ereignisse und Epochen: der Dreissigjährige Krieg, die Französische Revolution, der Zweite Weltkrieg, der Kalte Krieg …
> Titel: der Technische Direktor, der Erste Staatsanwalt, die Königliche Hoheit …
> Namen von Institutionen, Organisationen, Firmen: der Grosse Rat, die Kleine Kammer (Ständerat), das Rote Kreuz, die Grüne Partei, der Schweizerische Nationalfonds, die Zuger Kantonalbank …
> besondere Kalendertage: der Heilige Abend, der Weisse Sonntag, der Erste Mai …

3. Nomen:
> einfache Nomen: Brot, Tisch, Strasse, Auto, Schulzimmer, Bücher …
> mehrteilige Nomen: 3-Zimmer-Wohnung, Vitamin-C-Mangel, Kosten-Nutzen-Analyse …

4. Wörter, die zu Nomen werden (Nominalisierung):
> Verben: das Lesen und Schreiben, lautes Rufen, beim Autofahren, Reden ist Silber, Schweigen ist Gold
> Adjektive: etwas Gutes, nichts Spezielles, viel Neues; Paarformeln: Jung und Alt, Arm und Reich
> Pronomen: das eigene Ich, ein Niemand sein, das gewisse Etwas, das dunkle Nichts
> Partikeln: ohne Wenn und Aber, das Für und Wider, im Voraus, ein klares Nein (Abstimmungen)
> Ordnungszahlen: die Erste, der Letzte, jeder Fünfte, am Ersten des Monats

5. Verbindungen von Tag und Tageszeiten nach *gestern, heute, morgen*:
> gestern Abend, heute Morgen, morgen Nachmittag, heute Nacht

6. Höflichkeitsformen von Anredepronomen:
> Sie, Ihnen, Ihrer, Ihr, Ihrerseits (Hingegen bleibt *sich* immer klein: Leider haben Sie sich geirrt.)

Übung 1

Verfassen Sie zu jeder der sechs Regeln auf Seite 74 einen kurzen Satz, in welchem mindestens eine Form der Grossschreibung vorkommt. (Beispiel: Die Kleine Kammer besteht aus 46 Abgeordneten). Diktieren Sie anschliessend einander diese Sätze. Kontrollieren Sie die Rechtschreibung und korrigieren Sie, wenn nötig.

Übung 2

Setzen Sie die Grossbuchstaben ein.

2.1 Zurzeit liest sie das buch «ein fliehendes pferd» von martin walser.

2.2 Nun ist es bekannt: die ursache des unfalls war ein defekt an den bremsen.

2.3 Die kanarischen inseln gehören zu spanien und liegen im atlantischen ozean.

2.4 Von 1756–63 tobte zwischen frankreich und england der siebenjährige krieg.

2.5 Nach langem hin und her hat die genfer regierung zugestimmt.

2.6 In diesem raum ist das rauchen seit kurzem untersagt.

2.7 Im voraus kann man nie wissen, welche überraschungen das neue jahr bringt.

2.8 Auch bei der zweiten durchsuchung hat man nichts neues herausgefunden.

2.9 In den schweizer alpen kann man allerlei schönes entdecken.

2.10 Heute nachmittag hat mir mein chef das du angeboten.

2.11 Sie war die einzige, die alle anderen am schluss noch überholen konnte.

2.12 Nun müssen alle diesen englischen text ins deutsche übersetzen.

2.13 Er stürzte beim laufen schwer und war aufs schlimmste gefasst.

2.14 Im grossen und ganzen wurde an der sitzung nur das bereits bekannte gesagt.

2.15 Wer bei rot die strasse überquert, bringt sich unnötig in gefahr.

Übung 3

Schreiben Sie diesen Brief in korrekter Gross- und Kleinschreibung ab.

LIEBE FRAU ZUMSTEG

HERZLICHE GRATULATION! SIE HABEN BEI UNSEREM WETTBEWERB «DER GOLDENE EINKAUFS-KORB» GEWONNEN. ZWAR KÖNNEN WIR IHNEN NICHT DEN ERSTEN PREIS IM WERT VON 100 000 FRANKEN ÜBERREICHEN, DOCH SICHER WERDEN SIE SICH AUCH ÜBER DEN 100-FRANKEN-WAREN-GUTSCHEIN FREUEN. DIESEN KÖNNEN SIE AB MONTAG, 24. JUNI, BEI ALLEN FILIALEN UNSERER HANDELSKETTE EINLÖSEN. BEACHTEN SIE BITTE BEI IHREM NÄCHSTEN EINKAUF AUCH DIE ATTRAKTIVEN SONDERAKTIONEN, DIE WIR BIS AUF WEITERES IN UNSEREN LÄDEN ANBIETEN.

WIR FREUEN UNS, SIE AUCH WEITERHIN ZU UNSEREN TREUEN KUNDINNEN ZÄHLEN ZU DÜRFEN, UND WÜNSCHEN IHNEN NOCH MEHR GLÜCK BEI UNSERER ZWEITEN VERLOSUNG VON MITTE OKTOBER.

ES GRÜSST SIE FREUNDLICH

SANDRA FORTUNA
LEITERIN MARKETING

Nicht vergessen: Individuelle Wörterliste nachführen!

Kleinschreibung

am einfachsten wäre es natürlich, alle wörter konsequent kleinzuschreiben. im privaten gebrauch wird dies schon oft gemacht, vor allem bei e-mails und sms-texten. Doch bei Sätzen wie «gestern mussten wir mit dem alten auto fahren» oder «man hört gerne weise reden» könnte es bei durchgehender Kleinschreibung zu peinlichen Missverständnissen und Zweideutigkeiten kommen.
Für alle öffentlichen Schriftstücke und für sämtliche Bildungsinstitutionen gelten die vereinbarten Regeln der deutschsprachigen Länder. So kommt man nicht darum herum, diese Regeln zu lernen, zu üben und anzuwenden. Auch hier gilt: Das Auswendiglernen der Regeln garantiert noch nicht für Sicherheit bei der Rechtschreibung; man muss sich auch immer das Schriftbild einprägen.

Hauptregel

Kleingeschrieben werden normalerweise alle Wortarten ausser dem Nomen, also Verben, Adjektive, Pronomen und die Partikeln (Adverb, Konjunktion, Präposition, Interjektion).

Andere wichtige Regeln

1. In Verbindung mit den Verben **sein, bleiben** und **werden** schreibt man folgende Wörter klein: angst (und bange), leid, pleite, schuld
   Beispiele: Er ist pleite. Sie ist schuld daran. Es ist ihm angst und bange.
   Aber: Die Firma machte Pleite. Ich habe Angst. Wir tragen die Schuld.

2. Aus Nomen entstandene Verbzusätze schreibt man klein.
   Beispiele: teilnehmen: Ich nehme daran teil. preisgeben: Wir geben unser Ziel nicht preis (nicht bekannt).

3. Aus Nomen entstandene Wörter auf **-s** und **-ens** schreibt man klein.
   Beispiele: abends, morgens, nachts, dienstags, anfangs, namens, seitens …
   (Aber: des Nachts, eines Abends …)

4. Präpositionen, die aus Nomen entstanden sind, schreibt man klein.
   dank, kraft, laut, statt, zeit
   Beispiele: zeit seines Lebens, dank eines Zufalls, laut ihrer Aussage

5. Die Wörter **viel, wenig, andere, meiste, ein** schreibt man im Allgemeinen (ausser am Satzanfang) klein. Wenn sie als Substantive gebraucht werden, ist auch Grossschreibung möglich.
   Beispiele: Das haben die meisten/Meisten schon gewusst. Die anderen/Anderen treffen später ein. Sie hat das wenige/Wenige, was noch übrig blieb, verschenkt. Für viele/Viele war dies die erste Reise nach Indien; aber: Für viele Wanderer war dies die erste Reise nach Indien.

6. Folgende feste Wendungen schreibt man klein:
   in bar bezahlen, durch dick und dünn, von nah und fern, von früh bis spät, über kurz oder lang, schwarz auf weiss, grau in grau

7. Bezieht sich ein Adjektiv auf ein vorhergehendes oder nachstehendes Nomen, wird es klein geschrieben.
   > Die alten Schuhe sind oft bequemer als die neuen. (die neuen Schuhe).
   > Sie ist die berühmteste von allen Sängerinnen. (die berühmteste Sängerin)

8. Folgende Anredepronomen schreibt man auch in Briefen klein: **du, ihr, dein, euch, euren, euer**

Übung 1

Verfassen Sie zu jeder der acht Regeln auf Seite 76 einen kurzen Satz, in welchem mindestens eine Form der Kleinschreibung vorkommt. Diktieren Sie dann einander diese Sätze. Kontrollieren Sie die Rechtschreibung und korrigieren Sie, wenn nötig.

Übung 2

Setzen Sie die Grossbuchstaben ein.

2.1 Es sind leider meistens nur wenige, die sich für das gute in der welt einsetzen.
2.2 Der vermisste konnte dank eines hinweises gestern geborgen werden.
2.3 Das geschäft bleibt montags und seit kurzem auch am samstag geschlossen.
2.4 Sie ist mit abstand die zuverlässigste meiner arbeitskolleginnen.
2.5 Die firma gibt heute nachmittag die namen der neuen konzernleitung preis.
2.6 Die beiden sind seit ihrem grossen erfolg durch dick und dünn gegangen.
2.7 Die neuen sind bei weitem besser bezahlt als die bisherigen angestellten.
2.8 Zuerst müssen diese beiden vorwürfe schwarz auf weiss bewiesen werden.
2.9 Die wenigsten wissen, dass diese route die steilste und gefährlichste ist.
2.10 Nun musst du bis auf weiteres mit dem alten motorrad vorlieb nehmen.
2.11 Die gruppe hatte anfangs grosse probleme mit dem tropischen klima.
2.12 Alles andere werden die leiter anfang kommender woche bekannt geben.
2.13 Mit diesem konzept streben wir etwas ganz anderes, etwas völlig neues an.
2.14 Der eine oder andere hat von diesem seminar sicher etwas ganz anderes erwartet.
2.15 Wenn jemand so etwas schreckliches erlebt, sieht er alles in einem anderen licht.

Übung 3

Schreiben Sie diesen Brief in korrekter Gross- und Kleinschreibung ab.

HALLO CLAUDIA
BITTE ENTSCHULDIGE, DASS ICH SO LANGE NICHTS VON MIR HÖREN LIESS. DER GRUND IST EINFACH: ICH WAR FÜR VIER WOCHEN IM AUSLAND UND HABE DEINE BEIDEN BRIEFE ERST LETZTE WOCHE GEÖFFNET. SCHÖN, DASS DU NUN EINE NEUE STELLE GEFUNDEN HAST; DIE ALTE HAT JA WIRKLICH NICHT DEINEN FÄHIGKEITEN UND BEDÜRFNISSEN ENTSPROCHEN. DURCH DEINEN UMZUG HAST DU IN ZUKUNFT EINEN VIEL KÜRZEREN ARBEITSWEG, WAS EINIGES AN REISEZEIT ERSPART. UND SICHER IST FÜR DICH AUCH WICHTIG, DASS IHR BEIDE, DU UND DEIN FREUND PASCAL, EUCH NUN WIEDER ÖFTERS SEHEN KÖNNT.
BEI MIR BLEIBT VORERST ALLES BEIM ALTEN, DAS HEISST, ICH BLEIBE SICHER NOCH EIN PAAR JAHRE BEI DER JETZIGEN FIRMA. AB ANFANG SEPTEMBER BESUCHE ICH JEWEILS DIENSTAGS EINEN WEITEREN AUSBILDUNGSKURS IN MARKETING; DIESER DAUERT NOCH BIS ENDE JAHR. DANACH HABE ICH WIEDER EIN WENIG MEHR ZEIT FÜR MEIN PRIVATLEBEN. ICH MÖCHTE DANN ENDLICH MIT DEM TANZKURS (TANGO) FORTFAHREN. ES IST ZU BEFÜRCHTEN, DASS ICH NOCHMALS GANZ VON VORNE BEGINNEN MUSS, DENN LEIDER HABE ICH VOM ERSTEN KURS DAS MEISTE VERLERNT. SCHADE!
ICH FREUE MICH, SCHON BALD VON DIR ZU HÖREN, UND GRÜSSE DICH AUFS HERZLICHSTE.
SANDRA

Nicht vergessen: Individuelle Wörterliste nachführen!

Prädikat und Subjekt

Sätze bestehen in der Regel wie Eisenbahnzüge aus verschiedenen Teilen mit unterschiedlichen Aufgaben. Richtig zusammengehängt ergeben die Einzelteile ein funktionierendes Ganzes. Und wie bei Eisenbahnzügen gibt es auch bei Sätzen kurze, mittellange und lange Kompositionen. Es gibt aber auch Unterschiede: Eisenbahnzüge transportieren Menschen und Güter, Sätze Botschaften. Und bei einem Zug sind die Einzelteile in der Regel gleich lang; beim Satz können sie von ganz verschiedener Länge sein. Der dritte Unterschied: Der wichtigste Teil einer Zugskomposition, die Lokomotive, befindet sich entweder an der Spitze oder am Schluss. Bei einem Satz hingegen steht das zentrale Element, das Prädikat, meistens an 2. Stelle und kann aus mehreren Teilen zusammengesetzt sein.

Das Prädikat

Das Prädikat bestimmt den Aufbau des Satzes. Es kann aus nur einer oder aus mehreren Verbformen, den so genannten **Prädikatsteilen**, bestehen.

Einteiliges Prädikat	Sie **besteigt** den Zug. Er **verlässt** das Haus. Es **wird** kalt.
Zweiteiliges Prädikat	Sie **hat** den Zug **bestiegen**. Er **wird** das Haus **verlassen**. Es **wird** kalt **werden**.
Mehrteiliges Prädikat	Sie **wird** den Zug **bestiegen haben**. Er **muss** das Haus **verlassen haben**. Es **wird** kalt **geworden sein**.

Prädikatsteile können sein: die Personalform, der Verbzusatz, der Infinitiv, die Partizipformen.

Beim Aussagesatz steht der konjugierte Prädikatsteil meistens an 2. Stelle, d.h. nach dem Subjekt, der infinite Teil am Schluss:

1. Stelle	**2. Stelle**	
Die Regierung	**informiert**	noch heute über die Ergebnisse.
Die Regierung	**wird**	schon morgen über die Ergebnisse **informieren**. (= infiniter Prädikatsteil)

Das Subjekt

Das Subjekt ist der Gegenstand des Satzes, über welchen das Prädikat etwas aussagt. Es kann einteilig oder mehrteilig sein und steht immer im Nominativ. Man erfragt das Subjekt mit «Wer oder was?».

Einteiliges Subjekt: **Anna** hat Geburtstag. **Alle** sind eingeladen. Gehen **wir**!
Mehrteiliges Subjekt: **Die meisten Gäste** haben sich sehr gut amüsiert.
Oft besteht das Subjekt aus einem Nomen, doch es kann auch mit anderen Wortarten gebildet werden: Pronomen (**Niemand** ist da.), Adjektiven (**Grosses** wurde vollbracht.), Adverbien (**Das Hin und Her** ist vorbei.), infiniten Verbformen (**Irren** ist menschlich). – Das Subjekt kann sogar aus einem ganzen Satz bestehen. In diesem Fall spricht man von einem **Subjektsatz**.
> **Dass du uns doch noch besuchen konntest**, hat mich sehr gefreut. (Was hat mich gefreut?)

Nicht in allen Sätzen kommen Prädikat und Subjekt vor. Zwei Ausnahmen:

> Dem Manne kann geholfen werden. Mir graut vor der Prüfung. Jetzt muss gespart werden.
  In diesen Sätzen ist das Subjekt ein verstecktes **es**. (Mir graut **es** vor der Prüfung.)
> Weg damit!/Ruhe!/Geh!/Wann?/Endlich./Natürlich./Schade./Bald u. a.
  Hier handelt es sich um Verkürzungen von vollständigen Sätzen; oft sind Subjekt und Prädikat nicht vorhanden. Diese unvollständig ausgebildeten Sätze nennt man Ellipsen (siehe Seite 90).

Übung 1

Bilden Sie mit folgenden Wörtern je einen Satz nach den gegebenen Vorgaben.
Wörter: Menschen, glauben, Leben, Tod, nach, ein/einen, viele, dem, an

a) grammatisch korrekt, inhaltlich sinnlos: ....

....

b) grammatisch und inhaltlich falsch: ....

....

c) grammatisch und inhaltlich korrekt: ....

....

Übung 2

Schreiben Sie drei Varianten des vorgegebenen Satzes, indem Sie die einzelnen Teile umstellen.
Satz: Die Gutscheine können noch bis Ende Monat an allen Kiosken eingelöst werden.

a) ....

b) ....

c) ....

Unterstreichen Sie mit unterschiedlichen Farben die Teile des Prädikats und des Subjekts.

Übung 3

Unterstreichen Sie Subjekt und Prädikat und markieren Sie die Position des konjugierten Prädikatteils.

3.1 Das Spiel wird in wenigen Minuten beginnen.

3.2 Der verletzte Spieler kam nach zehn Minuten wieder aufs Spielfeld zurück.

3.3 Die erste Halbzeit hat die hohen Erwartungen nicht erfüllen können.

3.4 Schliesslich wurde das Spiel durch einen Strafstoss entschieden.

3.5 Trotz des aggressiven Spiels ist das Publikum relativ ruhig geblieben.

Übung 4

Unterstreichen Sie das Subjekt als Ganzes.

4.1 Die meisten Besucherinnen und Besucher waren von der Vorstellung enttäuscht.

4.2 Dies lag unter anderem an der schwachen Leistung des neuen Orchesters.

4.3 Den entscheidenden Schwachpunkt bildete jedoch die wenig durchdachte Inszenierung.

4.4 Dass das Stück lange auf dem Spielplan bleiben wird, muss bezweifelt werden.

4.5 Man kann nur hoffen, dass die nächste Produktion des Hauses erfolgreicher sein wird.

Übung 5

5.1 Formen Sie folgende 15 Ellipsen in einen ausformulierten Satz um:
Schade. Viel Spass! Endlich. Bald. Wie bitte? Sofort weg! Guten Tag. Auch hier?
Gewonnen! Zu spät. Ruhe! Ab heute geöffnet. Nie wieder Streit! Danke. Alles klar.

5.2 Verfassen Sie einen kurzen Dialog, der mehrheitlich aus Ellipsen besteht.

Objekte

1. Danke!
2. *Wir* danken.
3. Wir danken *allen*.
4. Wir danken allen *unseren Mitgliedern*.
5. Wir danken allen unseren Mitgliedern *für das Engagement beim Fest*.
6. Wir danken allen unseren Mitgliedern *herzlich* für das Engagement beim Fest.
7. Wir, *das OK und der Vorstand*, danken allen unseren *treuen* Mitgliedern *ganz* herzlich für das *enorme* Engagement beim Fest *zum 20-jährigen Bestehen unseres Musikvereins*.

Dieser Satz wurde nach und nach ergänzt. Die Struktur ist komplexer geworden, der Informationsgehalt hat zugenommen. Bei einigen Satzerweiterungen handelt es sich um so genannte Objekte.

Die vier Objekte

Dativobjekt

Wir danken **allen**. Frage: **Wem** danken wir? – allen. Eine Ergänzung im Dativ (Wemfall).

Akkusativobjekt

Er hat **seinen alten Freund** getroffen. **Wen** hat er getroffen? – seinen alten Freund. Hier handelt es sich um eine Ergänzung im Akkusativ (Wenfall).

Genitivobjekt

Sie nahm sich **des Problems** an. **Wessen** nahm sie sich an? – des Problems. Mit dem Frageverfahren kommt man hier auf eine Ergänzung im Wesfall, also ein Genitivobjekt.
Genitivobjekte werden heute nur noch selten gebraucht. Sie wirken altmodisch. Statt «Wir waren des langen Wartens überdrüssig.» sagt oder schreibt man: «Wir hatten genug vom langen Warten.» Oder: «Wir hatten es satt, so lange zu warten.» Folgende Verben brauchen jedoch noch immer ein Genitivobjekt: anklagen, bedürfen, beschuldigen, bezichtigen, gedenken, sich entsinnen, sich bemächtigen, sich erbarmen, sich rühmen, sich vergewissern, sich enthalten.
Das Genitivobjekt taucht noch oft in festen Wendungen auf: jemanden eines Besseren belehren; der Dinge harren, die da kommen; jemanden des Landes verweisen; jemanden keines Blickes würdigen.

Das Präpositionalobjekt

Sie kümmerte sich **um das verletzte Kind**. – **Um wen** kümmerte sie sich? – um das verletzte Kind.
Einzelne Verben wie *sich kümmern um*, *warten auf*, *sprechen mit* sind ganz eng mit einer Präposition verbunden. Bei der Frage nach dem Objekt muss man daher die Präposition immer miteinbeziehen: um wen?, auf was?, mit wem?
Nicht immer handelt es sich jedoch um ein Objekt, wenn ein Verb in Verbindung mit einer Präposition auftaucht. Folgende Beispiele sollen die Unterscheidung verdeutlichen:
1a. Viele junge Menschen stehen *auf* Musikidole. Worauf, auf wen stehen sie? – auf Musikidole
1b. Viele junge Menschen stehen *auf* der Brücke. Wo (worauf) stehen sie? – auf der Brücke
2a. Er erholt sich *von* den Wettkämpfen. Von was, von wem erholt er sich? – von den Wettkämpfen
2b. Er erholt sich *in* den Bergen. Wo erholt er sich? – in den Bergen.
Bei den Sätzen 1a. und 2a. handelt es sich um präpositionale Objekte, da die Präpositionen **auf** und **von** nicht ersetzt werden können: **stehen auf** und **sich erholen von** sind feste Verbindungen. Hingegen kann man bei 1b. und 2b. die Präpositionen austauschen: stehen **unter** der Brücke, sich erholen **am** Meer. Hier handelt es sich um Umstandbestimmungen (Adverbialien); genauer um Adverbialien des Ortes.

Übung 1

Bauen Sie die gegebene Ellipse in mindestens sechs Stufen aus, analog dem Beispiel «Danke!» auf Seite 80.

1. Halt!
2. ....
3. ....
4. ....
5. ....
6. ....

Übung 2

Unterstreichen Sie bei Ihren Sätzen in Übung 1 mit unterschiedlichen Farben: Prädikat, Subjekt, Objekte.

Übung 3

Unterstreichen Sie Prädikat und Subjekt und bestimmen Sie die Objekte genau.

3.1 Ich werde dich in ein paar Tagen besuchen.

3.2 Schon bald werden wir mit unseren Freunden aus England in die Ferien fahren.

3.3 Wir können uns seines Besuches in der Schweiz gut erinnern.

3.4 Ihre Grosseltern haben stets auf gute Ernährung geachtet.

3.5 Viele von uns sind sich der grossen Risiken beim Autofahren nicht bewusst.

3.6 Vor dem Einschlafen erzählte die Mutter ihren Kindern jeweils eine Geschichte.

3.7 Verzweifelt suchte das Expeditionsteam stundenlang den Höhlenausgang.

3.8 Niemand sollte sich über die zunehmende Gewaltbereitschaft wundern.

3.9 Er ist von uns vor einem plötzlichen Börsenabsturz gewarnt worden.

3.10 Hast du diese teure Uhr deiner Tochter geschenkt?

Übung 4

Präpositionales Objekt oder Adverbiale?

4.1 Wir freuen uns sehr **über deinen Besuch** in der Schweiz. ....

4.2 Die Polizei stoppte den Autofahrer **vor der Ampel**. ....

4.3 Sie fürchtet sich noch immer **vor Spinnen**. ....

4.4 Viele Leute klagen **über Kopfschmerzen** bei Föhnwetter. ....

4.5 Wegen den Staus fahren immer weniger Menschen **über Ostern** weg. ....

4.6 Wir rechnen fest **mit der Unterstützung** der ganzen Familie. ....

4.7 Diese Aufgabe rechnen Sie am besten **mit dem Taschenrechner**. ....

4.8 Wenden Sie sich bitte **an den Kundendienst**. ....

4.9 Sie erkundigte sich **nach seinem Gesundheitszustand**. ....

4.10 Bis spät in die Nacht hinein suchte die Feuerwehr **nach Opfern**. ....

4.11 Mein Cousin Felix verliebte sich **in eine junge Amerikanerin**. ....

4.12 Klaus verliebte sich **in den Ferien in Maria**. ....

Adverbialien und Attribute

Wie wir wissen, kann man Sätze fast beliebig ausbauen. Ergänzungen, die uns etwas über den Ort, die Zeit oder die Art und Weise einer Handlung verraten, heissen adverbiale Bestimmungen, kurz Adverbialien. Sie sind wie Subjekt, Prädikat und Objekt eigenständig, das heisst, sie können innerhalb des Satzes frei verschoben werden. Nicht so die Attribute. Sie sind innerhalb des Satzes nicht frei verschiebbar und daher keine eigentlichen Satzglieder, sondern immer Bestandteil eines Satzgliedes, also Satzgliedteile.

Das Adverbiale

1. Adverbialien des Ortes (lokale Adv.)

Wir treffen uns **beim Bahnhof**. (wo?) Er kommt **aus Bern**. (woher?) Sie geht **ins Kino**. (wohin?)

2. Adverbialien der Zeit (temporale Adv.)

Treffen wir uns **um 5 Uhr**. (wann?) Er bleibt **bis am Wochenende**. (wie lange?) **Seit gestern** sind sie hier. (seit wann?)

3. Adverbialien des Grundes (kausale Adv.)

Sie ist **ferienhalber** abwesend. (weshalb?) **Bei guter Vorbereitung** sollten wir das Ziel erreichen. (unter welchen Bedingungen?) **Trotz der Sturmwarnung** fuhren sie hinaus. (trotz welchen Umständen?)

4. Adverbialien der Art und Weise (modale Adv.)

Wir haben uns **sehr schnell** erholt. (wie erholt?) Dieses Auto wird **mit Solarstrom** betrieben. (wie?) Der Brief wiegt **über 100 Gramm**. (wie viel?) Sie arbeitet immer **zu viel**. (wie viel?)
Eine adverbiale Ergänzung kann – wie das Subjekt und das Objekt – aus nur einem oder aus mehreren Teilen bestehen und verschiedene Wortarten umfassen.

Die Attribute

Attribute können ausser beim Prädikat in allen Satzgliedern auftreten. Ein Beispielsatz, den wir bereits kennen:
Wir, das OK und der Vorstand, (1) danken (2) allen unseren treuen Mitgliedern (3) ganz herzlich (4) für das enorme Engagement beim Fest zum 20-jährigen Bestehen unseres Musikvereins (5).
1 = Subjekt, mit den Attributen «das OK und der Vorstand»
2 = Prädikat
3 = Dativobjekt, mit dem Attribut «unseren treuen»
4 = Adverbiale der Art und Weise, mit dem Attribut «ganz»
5 = Präpositionales Objekt, mit den Attributen «enorme» und «beim Fest zum 20-jährigen Bestehen unseres Musikvereins».

Appositionen

Eine spezielle Beifügung ist die Apposition (lat. appositio, der Zusatz). Es handelt sich dabei um nachgestellte zusätzliche Informationen. Beispiel: Wir, **das OK und der Vorstand,** danken ... Die Apposition steht immer im gleichen Fall wie das Wort, auf das sie sich bezieht, und wird mit zwei Kommas vom Satz abgetrennt.
Beispiele: Frau Zürcher, die neue Abteilungsleiterin, hat heute ihren ersten Arbeitstag. Am Mittwoch, meinem freien Arbeitstag, könnten wir einen Termin vereinbaren. Paul Erni, CVP-Politiker aus dem Thurgau, kritisiert die Finanzpolitik. In London, dem Trendzentrum Europas, finden ständig grosse Modeschauen statt.

Übung 1

Bestimmen Sie die adverbialen Ergänzungen.

1.1 **Fassungslos** stehen die geretteten Seeleute **am Ufer**. ....

1.2 **Noch vor zwei Stunden** haben sie **verzweifelt** um ihr Leben gekämpft. ....

1.3 Ihr Schiff hatte **bis heute** so manchen Sturm **unbeschadet** überstanden. ....

1.4 **Wegen des extrem hohen Wellengangs** reduzierte man die Geschwindigkeit. ....

1.5 **Trotz dieser Massnahme** konnte das Unglück nicht verhindert werden. ....

1.6 **Zum Glück** trafen **innerhalb von zehn Minuten** die Rettungshelikopter ein. ....

1.7 **Nun** macht man sich grosse Sorgen um die vier vermissten Kameraden. ....

1.8 Man hofft, sie **noch diesen Abend im Umkreis des Schiffes** zu finden. ....

Übung 2

Unterstreichen und bestimmen Sie die Adverbialien.

2.1 Er erhielt eine Strafe wegen eines Ladendiebstahls. ....

2.2 Sie verreiste zur Erholung an die Nordsee. ....

2.3 Schon bald zeigten sich die ersten Schäden am Haus. ....

2.4 In zwei Stunden können wir uns vor dem Stadion treffen. ....

2.5 Unter diesen Umständen ziehen wir unseren Antrag sofort zurück. ....

2.6 Wir haben uns über deinen Sieg ausserordentlich gefreut. ....

2.7 Seit wann wohnt ihre Tochter nicht mehr zu Hause? ....

2.8 Schon bald sollten wir dieses Kapitel erfolgreich abschliessen können. ....

Übung 3

Setzen Sie die korrekte Apposition ein.

3.1 Mit Frau Weiss, d............ neu............ Marketingleit............, verstehe ich mich sehr gut.

3.2 Gestern traf ich Herrn Schwarz, unser............ ehemalig............ Schulleiter.

3.3 Herrn Braun, de............ jüngst............ Abteilungsleiter, wurde gekündigt.

3.4 Nach Meinung Herrn Rots, ein............ erfahre............ Finanzexpert............, wird sich die Krise in der Versicherungsbranche noch verschärfen.

3.5 Uns, de............ Lehrling............ im ersten Lehrjahr, traut man noch nicht allzu viel zu.

3.6 Das ist der Arbeitsplatz Herrn Meyers, d............ neu............ Verlagsleit............

3.7 Immer am Mittwoch, mein............ frei............ Tag, erledige ich die Hausarbeiten.

3.8 Die Träger brachten alles Material ins Versorgungslager A, d............ wichtigst............ Stützpunkt der Expedition.

Satzglieder abgrenzen und bestimmen

Wir kennen nun die Satzglieder Subjekt, Prädikat, Objekt, Adverbiale sowie das Attribut als Satzgliedteil. Für die genaue Abgrenzung der einzelnen Satzglieder gibt es ein einfaches, sicheres Verfahren, die so genannte *Umstell- oder Verschiebeprobe*.

Beispiel einer Verschiebeprobe

Ausgangssatz
Die Genfer Firma konnte glücklicherweise vor einer Woche den Konkurs abwenden.

Mögliche Umstellungen:
> Glücklicherweise | konnte | die Genfer Firma | vor einer Woche | den Konkurs | abwenden.
> Vor einer Woche | konnte | die Genfer Firma | den Konkurs | glücklicherweise | abwenden.
> Den Konkurs | konnte | die Genfer Firma | glücklicherweise | vor einer Woche | abwenden.
> Konnte | die Genfer Firma | den Konkurs | vor einer Woche | glücklicherweise | abwenden?

Möglich, stilistisch jedoch holprig:
> Abwenden konnte | die Genfer Firma | den Konkurs | glücklicherweise | vor einer Woche.

Nach dem Abgrenzen können wir die Satzglieder bestimmen:

Die Genfer Firma = Subjekt; (Genfer = Attribut zu Firma)
konnte abwenden = Prädikat (verbale Teile)
den Konkurs = Akkusativ-Objekt
glücklicherweise = Adverbiale der Art und Weise
vor einer Woche = Adverbiale der Zeit

Die Umstell- oder Verschiebeprobe zeigt:

a) Die deutsche Sprache lässt bei der Satzbildung verschiedene Varianten zu.
b) Die Wörter in einem Satz sind nicht willkürlich angeordnet; es bestehen **innere Strukturen**, die nicht einfach aufgelöst werden können.
c) Einzelne Wortgruppen bleiben beim Verschieben immer zusammen; im obigen Satz z. B. «vor einer Woche». Das sind die einzelnen Satzglieder. Diese können aus mehreren Wörtern oder auch nur aus einem Wort (z. B. «glücklicherweise») bestehen.

Definition Satzglied

Als Satzglied gilt, was sich innerhalb eines Satzes als Einheit verschieben lässt, ohne dass dadurch die Aussage verändert wird. (Wörter oder Wortgruppen, die nicht alleine verschoben werden können, sind keine Satzglieder, sondern Satzgliedteile.)

Hinweis zur Stilistik

Die Umstellprobe kann auch dazu dienen, bei eigenen Texten den Satzbau zu variieren. Beispiel:
a) Sie verkaufte vor zwei Wochen das alte Haus. (Subjekt – Prädikat – Adverbiale – Objekt)
b) Vor zwei Wochen verkaufte sie das alte Haus. (Adverbiale – Prädikat – Subjekt – Objekt)
c) Das alte Haus verkaufte sie vor zwei Wochen. (Objekt – Prädikat – Subjekt – Adverbiale)
Die Betonung verlagert sich jeweils. Sie liegt bei b) auf «Vor zwei Wochen», bei c) auf «Das alte Haus».

Übung 1

Schreiben Sie von folgenden Sätzen stilistisch vertretbare Varianten und bestimmen Sie die Anzahl der Satzglieder.

Satz A: Du hast mir mit deiner Hilfe einen grossen Dienst erwiesen.

Variante 1: ....

Variante 2: ....

Satz B: Das fünfjährige Kind erzählte uns auf eindrückliche Weise seine Beobachtungen des Geschehens.

Variante 1: ....

....

Variante 2: ....

....

Variante 3: ....

....

Übung 2

Bestimmen Sie die Satzglieder in den Sätzen A und B der Übung 1.

Übung 3

Grenzen Sie mit der Verschiebeprobe die einzelnen Satzglieder ab und bestimmen Sie diese anschliessend so genau wie möglich. Unterstreichen Sie zudem die Attribute.

3.1 Ein hilfsbereiter Autofahrer fuhr das Unfallopfer sofort ins nahe gelegene Spital.

3.2 Dort musste die schwer verletzte junge Frau umgehend operiert werden.

3.3 Nach der mehrstündigen Operation waren die Ärzte für den Heilungsprozess sehr zuversichtlich.

3.4 Zur grossen Überraschung aller konnte die Frau bereits nach zehn Tagen das Spital verlassen.

3.5 In der Gerichtsverhandlung musste sie über den Unfallhergang eingehend Auskunft geben.

3.6 Die erst 20-Jährige hatte sich zum Glück den ganzen Tag vor dem Unfall jeglichen Alkoholkonsums enthalten.

3.7 Nach der relativ kurzen Verhandlung liess sie sich mit einem Taxi zu ihren Eltern fahren.

3.8 Die genauen Ursachen für diesen Selbstunfall liegen bis heute im Dunkeln.

Übung 4

Schreiben Sie nun selber ein paar Sätze auf und lassen Sie die Satzglieder bestimmen.
Hinweis: Beschränken Sie sich auf eher einfache Hauptsätze; verzichten Sie auf Nebensätze.

Kongruenz Subjekt und Prädikat

Warum taucht ein Ausdruck aus der Geometrie in der Grammatik auf? *Kongruenz* heisst *Übereinstimmung*. Was in einem Satz übereinstimmen soll, ist/sind (?) das Subjekt und das Prädikat. Damit sind wir bereits konfrontiert mit dem Kongruenzproblem: Muss das Verb in der Singular- oder in der Pluralform stehen? – Hier richtet sich das Prädikat nach den beiden Begriffen *Subjekt* und *Prädikat*, also heisst es: Was übereinstimmen soll, *sind* das Subjekt und das Prädikat.

Normalfall

In der Regel ist die Kongruenz kein Problem:
> Die Sonne scheint. Er geht spazieren. (Subjekt und Prädikat stehen beide im Singular)
> Wir beginnen gleich. Bleistift und Papier liegen bereit. (Subjekt und Prädikat im Plural)
Wichtig ist, das **Subjekt** zu erkennen:
> Eine wichtige Rolle im Film spielen **ein Mann und ein kleiner Schuljunge**.
(Wer spielt eine wichtige Rolle? – Ein Mann und ein kleiner Junge **spielen** ...)

Heikle Fälle

Zwei Subjekte

Wenn zwei Subjekte eine Einheit bilden, wird häufig auch der Singular verwendet:
> Da ***ist*** **Hopfen und Malz** verloren. **Alt und Jung** ***vergnügte*** sich am Dorffest.

Mengenangaben

> Im Tank **befindet** sich **Benzin**. Im Tank **befinden** sich **20 Liter** Benzin.
> **Ein Kilo** Aprikosen **kostet** vier Franken. **Zwei Kilo** Aprikosen **kosten** acht Franken.

Vorsicht ist angebracht, wenn die Mengenangabe im Singular steht:
> **Eine Menge** Billette **wurde** zum halben Preis verkauft.
> **Eine Anzahl** Mitarbeiter **muss** entlassen werden.
> **Die Hälfte** der Anwesenden **kommt** aus der Schweiz. Aber: Die Hälfte der Teilnehmer **sind Schweizer**. Drei und vier **ist** sieben. (Der Prädikatteil ist massgebend.)

Konjunktionen

> **Entweder** Herr Schwarz oder Frau Weiss **wird** Sie empfangen. (nur eine Person)
> Französisch **bzw.** Englisch **muss** geprüft werden. (1 Fach)
> **Sowohl** der Tresor **als auch** die Kasse **wurden** aufgebrochen. (zwei Dinge)
> **Nicht nur** der Einbrecher, **sondern auch** sein Komplize **entkam**. (Jeder einzeln)
> **Weder** das Fluchtauto **noch** die Beute **wurde(n)** bisher gefunden. (Singular und Plural möglich)

Abkürzungen

Man muss darauf achten, was hinter der Abkürzung steckt:
> Die SBB **stellen** ihren Fahrplan um. (Schweizerische **Bundesbahn*en***)
> Die Kübler Eisenwerke **AG baut** Arbeitsplätze ab. (**Aktiengesellschaft**)

Relativsätze

> Sie gehört zu den wenigen Frauen, die in dieser Firma arbeitet/arbeiten. (Einzahl oder Mehrzahl?)
Analyse: Das Verb im Nebensatz richtet sich nach dem Relativpronomen **die**, und dieses bezieht sich auf das letzte Nomen/Pronomen im Hauptsatz vor dem Komma, in unserem Falle auf **Frauen**. Folglich heisst der Satz korrekt: Sie gehört zu den wenigen Frauen, die in dieser Firma **arbeiten**.

Übung 1

Ist es eine Einheit oder sind es zwei Dinge?

1.1 Gross und Klein stand/standen am Strassenrand und winkte/winkten. ....

1.2 In der Zeit der Anarchie herrschte/herrschten Mord und Totschlag. ....

1.3 An schönen Tagen wird/werden Kind und Kegel ins Auto geladen. ....

1.4 Aprikose und Pfirsich gehört/gehören zum Steinobst. ....

1.5 Am frühen Morgen führte/führten Schnee- und Eisglätte zu mehreren Unfällen. ....

1.6 Am frühen Morgen führte/führten Schnee und eine Eisglätte zu mehreren Unfällen. ....

Übung 2

Mengenangaben

2.1 Eine Schachtel Streichhölzer lag/lagen auf dem Tisch. ....

2.2 Fünf Tonnen Schrott lagert/lagern im Hinterhof. ....

2.3 Fünf Meter Schnur wird/werden dazu gebraucht. ....

2.4 Ein Dutzend Crèmeschnitten bildete/bildeten das Dessert. ....

2.5 Drei Liter Milch ist/sind viel zu viel. ....

2.6 Wie viel ist/sind 13 x 13? ....

2.7 ¼ der Kosten entfällt/entfallen auf Reparaturen. ....

2.8 Rund 40 % der Schadensumme ist/sind durch die Versicherung nicht gedeckt..........

Übung 3

Konjunktionen

3.1 Sowohl Französisch als auch Englisch wird/werden geprüft. ....

3.2 Spanisch oder Russisch kann/können als Freifach gewählt werden. ....

3.3 Nicht nur das Haus, sondern auch der angebaute Stall brannte/brannten nieder. ....

3.4 Weder er noch seine Schwester wusste/wussten Bescheid. ....

3.5 Der Präsident bzw. sein Stellvertreter leitet/leiten die Sitzungen des Ausschusses. ....

3.6 Entweder Militärdienst oder Zivildienst muss/müssen geleistet werden. ....

Übung 4

Setzen Sie die korrekte Verbform ein.

4.1 Die SBB (haben) .... ihn als Lokomotivführer eingestellt.

4.2 Die Hälfte der Teilnehmer (nehmen) .... als Amateure am Wettkampf teil, die andere Hälfte (sein) .... Profis.

4.3 Nachdem die Bergbahnen Hochwang AG ihn entlassen hatt.........., stellt.......... ihn die SBB ein.

4.4 Die Hälfte der Anwesenden (wehren) .... sich gegen den Plan.

4.5 Ein Drittel der Arbeiter (sein) .... in Gewerkschaften organisiert.

4.6 Eine Gruppe von japanischen Geschäftsleuten (sitzen) .... am Tisch.

4.7 Ein Mann mit seinem Hund (kommen) .... gelaufen.

4.8 Entweder Herr Sommer oder Herr Winter (werden) .... Sie zu einer Aussprache empfangen.

4.9 Im Sport (spielen) .... Fairness und natürlich auch Geld eine wichtige Rolle.

4.10 Der abtretende sowie der neu gewählte Präsident .... (nehmen) an der Sitzung teil.

Hauptsatz und Nebensatz

Ich stand auf. Ich begab mich ins Badezimmer. Ich nahm eine Dusche. Ich zog mich an. Ich ging in die Küche. Ich frühstückte. Ich machte mich auf den Weg zur Arbeit.
Man erkennt: Alle Sätze sind gleich aufgebaut. Dies macht die Sprache formal monoton. Wir haben aber die Möglichkeit, Konstruktionen mit Hauptsätzen und Nebensätzen zu bilden, so dass unsere Sprache nicht nur dank einem differenzierten Wortschatz, sondern auch dank einem abwechslungsreichen Satzbau spannend wird. ***Ich stand auf und begab mich ins Badezimmer, wo ich eine Dusche nahm. Nachdem ich mich angezogen hatte, ging ich in die Küche. Dort frühstückte ich, bevor ich mich auf den Weg zur Arbeit machte.***

Woran erkennt man einen Hauptsatz oder einen Nebensatz?

Hauptsatz (HS)
> Er kann allein stehen.
> Der **konjugierte** Teil des Prädikats steht an zweiter Stelle. (Nicht aber bei Fragen und Befehlen.)

Nebensatz (NS)
> Er kann nicht allein stehen.
> Der **konjugierte** Teil des Verbs steht am Schluss.

Hauptsatz

Reto **ist** noch nicht eingetroffen. Ihn **erwarten** wir noch. Dort **kommt** er. Jetzt **können** wir anfangen. Jeder dieser Hauptsätze beginnt mit einem anderen Satzteil. Aber jeder hat das Prädikat an zweiter Stelle.

Nebensatz

Ich warte, bis du mit der Arbeit fertig **bist**.
Ich glaube nicht, dass die bestellte Ware vor Ende der Woche bei uns **eintrifft**.

Wenn der Teilsatz nur aus Subjekt und Prädikat besteht, steht das Prädikat automatisch an zweiter Position, weil es ja nur zwei Stellen gibt.
Wir bleiben zu Hause, denn **es regnet**.
Wir bleiben zu Hause, weil **es regnet**.
Will man wissen, ob es sich um einen Haupt- oder einen Nebensatz handelt, kann man den Teilsatz «aufblasen», d. h. weitere Satzteile einfügen:
Wir bleiben zu Hause, denn **es regnet heute schon den ganzen Tag stark**.
Wir bleiben zu Hause, weil **es heute schon den ganzen Tag stark regnet**.
Beim denn-Satz handelt es sich um einen Hauptsatz, denn das Prädikat bleibt an zweiter Stelle. Hingegen ist der weil-Satz ein Nebensatz, weil das Prädikat erst am Ende des Satzes erscheint, also quasi nach hinten geschoben wird.

Achtung: Was zuerst kommt, braucht nicht der Hauptsatz zu sein. Man kann auch mit dem Nebensatz beginnen: **Wenn du dich nicht sofort bereit machst**, gehen wir ohne dich.
Wenn der Nebensatz zuerst steht, beginnt der Hauptsatz mit dem Prädikat. In diesem Fall spielt der Nebensatz als Ganzes erste Stelle im Satz, wie folgendes Beispiel zeigt:

Nach dem Essen	machte	ich	ein Nickerchen.
Nachdem ich gegessen hatte,	machte	ich	ein Nickerchen.

Übung 1

Schreiben Sie den folgenden Satz so, dass er jedesmal mit einem anderen Satzteil beginnt. In jedes Feld kommt jeweils ein Satzteil.

Ich	**traf**	gestern	zufällig	Ursula	am Bahnhof.
....	....	....	....	....	....
....	....	....	....	....	....
....	....	....	....	....	....
....	....	....	....	....	....

Bei diesen Sätzen handelt es sich jedesmal um ....sätze, denn ....

....

Übung 2

Bilden Sie sechs verschiedene eigene Sätze. In die farbige Fläche kommt jeweils der verlangte Satzteil. Ergänzen Sie nach Belieben mit möglichst vielen weiteren Satzteilen wie im Beispiel.

Bsp.	Subjekt	Ursula	schrieb	uns	letzthin	aus Paris	eine Karte.
2.1	Dativobjekt	....	....	....	....	....	....
2.2	Adv. Zeit	....	....	....	....	....	....
2.3	Adv. Art u. Weise	....	....	....	....	....	....
2.4	Subjekt	....	....	....	....	....	....
2.5	Akkusativobjekt	....	....	....	....	....	....
2.6	Adv. Ort	....	....	....	....	....	....

Übung 3

Diktieren Sie einem Nachbarn den einen oder anderen Satz aus Ihrer Übung 2. Geben Sie anschliessend den Hinweis, mit welchem anderen Satzteil begonnen werden soll, z. B. «Fange nun mit dem Adverbiale der Zeit an.»

Übung 4

Bestimmen Sie Hauptsätze und Nebensätze.

4.1 Ich frage mich, ob er die ganze Arbeit wirklich bis übermorgen erledigen kann.

4.2 Damit ihr den Weg besser findet, legen wir einen kleinen Plan bei.

4.3 Eine Entschädigung wird nicht ausbezahlt, wenn der Schaden absichtlich verursacht worden ist.

4.4 Bis er den Diebstahl bemerkte, war der Dieb schon längst verschwunden.

4.5 Nichts von dem, was er versprochen hat, hat er gehalten.

4.6 Wer andern eine Grube gräbt, fällt selbst hinein.

4.7 Wir müssen das Vorhaben aufgeben, falls sich die Situation nicht rasch bessert.

4.8 Ich wollte mit Frau Roth sprechen, aber sie war bereits nach Hause gegangen.

4.9 Wenn er kommt, bevor wir fertig sind, wird er glauben, dass wir getrödelt haben.

4.10 Schulstunden, die versäumt werden, werden nur entschuldigt, wenn triftige Gründe vorliegen.

4.11 Das muss mein Arbeitsbuch sein, denn ich habe es hier liegen lassen, und zudem steht mein Name drauf.

4.12 Weisst du, was dein Kollege sagt, wenn er sieht, dass du ihm schon wieder das Heft weggenommen hast, damit du die Aufgaben abschreiben kannst, weil du sie selber nicht machen wolltest?

Satzverbindung / Satzgefüge / Ellipse

Wie wir wissen, können Hauptsätze allein stehen, Nebensätze hingegen nicht. Einen allein stehenden Hauptsatz nennt man auch einen *Einfachen Satz*.
Hauptsätze kann man aneinander hängen. Nebensätze müssen wir immer mit einem Hauptsatz verknüpfen, da sie nicht allein stehen können.

Satzverbindung

Hängen wir zwei (oder mehrere) Hauptsätze zusammen, entsteht eine **Satzverbindung**:
Beispiel: Ich sollte ihn dringend anrufen. Ich habe seine Nummer vergessen.
Ich sollte ihn dringend anrufen, aber ich habe seine Nummer vergessen.

Satzgefüge

Sind einem Hauptsatz (HS) ein oder mehrere Nebensätze (NS) angehängt, spricht man von einem **Satzgefüge**.
Als er mich erblickte, erschrak er sehr. (NS/HS)
Das glaube ich erst, wenn ich es sehe. (HS/NS)
Falls sie anruft, bevor ich zurück bin, sag ihr, Herr Felix warte mit dem Versand der Prospekte, bis die Preislisten vorlägen. (NS/NS/HS/NS/NS)

Ellipse

Aus einem Satz kann man ganze Satzteile entfernen. Trotzdem versteht man ihn noch wie einen ganzen und vollständigen Satz. In diesem Fall spricht man von einer **Ellipse**.
Wenn Sie diese Flasche einmal geöffnet haben, sollten Sie sie im Kühlschrank aufbewahren.
(Wenn Sie diese Flasche) **Einmal geöffnet** (haben), (sollten Sie sie) **im Kühlschrank aufbewahren**.
Ellipsen halten sich an die Satzzeichensetzung, wie wenn sie vollständige Sätze wären.

Ellipse als Mittel der Sprachökonomie

Mit einer Ellipse kann in bestimmten Situationen wertvolle Zeit gespart werden. Man sagt nicht: **Ich bin in Not. Bitte kommen Sie möglichst schnell, ich brauche Ihre Hilfe!** Man ruft bloss: **Hilfe!**
Wenn man früher Telegramme sandte, bediente man sich der Ellipsen. Aus Kostengründen wollte man auf möglichst kurze Art alles Wichtige mitteilen. Beispiel: **Treffe Freitag ein. Bringe Unterlagen mit, wenn bis dann vorhanden. Gruss K. M.**
Heute hat dieser Ellipsen-Stil wegen der auf relativ wenige Zeichen limitierten SMS-Kommunikation eine Wiederbelebung erfahren.
Immer häufiger tauchen diese Kurzformen aber auch in längeren Texten auf, oft aus so genannt «sprachökonomischen Gründen»; man will Zeit und vor allem Platz sparen. Hier ein paar Beispiele: Trotzdem: Zum Sieg hat es nicht gereicht. Schade: Die Sache ist gelaufen. Unglaublich: Niemand verletzt! Ganz klar: Das ist nicht akzeptabel. Unsere Meinung: So nicht!
In der journalistischen Berichterstattung ist die Textlänge oft bis auf die Zeile genau festgelegt. Mit dem Ellipsen-Stil kann auf weniger Platz mehr gesagt werden. Das gilt vor allem bei Schlagzeilen oder Überschriften. Beliebt ist diese Verknappungs-Syntax auch bei Antworten in Interviews; vor allem Sportler benützen sie oft und gerne: Super! (Ein Wort, das alles sagt.) Voll geil! (Satzbaumässig schon eine Steigerung.) Es war genial! (Grammatisch gesehen ist das bereits ein vollständiger Satz.)

Übung 1

Bestimmen Sie: Satzverbindung (**SV**), Satzgefüge (**SG**) oder Einfacher Satz (**ES**)?

1.1 Jedes Kind kann einen Floh töten, aber kein noch so gescheiter Mensch kann einen Floh erschaffen. ....

1.2 Wenn etwas schief gehen kann, wird es schief gehen. (Murphys Gesetz) ....

1.3 Ein Küsschen in Ehren kann niemand verwehren. ....

1.4 Quäle nie ein Tier zum Scherz, denn es fühlt wie du den Schmerz. ....

1.5 Je höher man steigt, desto tiefer fällt man. ....

1.6 Wie man in den Wald ruft, so tönt es zurück. ....

Übung 2

Setzen Sie passende Konjunktionen ein und kennzeichnen Sie jeweils Hauptsatz (**HS**) und Nebensatz (**NS**).

2.1 .... der Preis hoch angesetzt ist, verkauft sich der Artikel gut. ..../..........

2.2 Wir wissen nicht, ... alles so klappt, ... wir es wünschen. ..../......./......

2.3 .... wir uns zurechtfinden, nehmen wir einen Stadtplan mit. ..../..........

2.4 Wir fuhren los, ... alles Gepäck eingeladen worden war. ..../..........

Übung 3

Formen Sie den farbigen Satzteil zu einem ganzen Nebensatz um.
Beispiel: Wir warten auf die Abfahrt des Zuges. > Wir warten, bis der Zug abfährt.

3.1 Wir können **wegen des Stromausfalls** nicht kochen.

....

3.2 Ein **zufällig anwesender** Arzt leistete erste Hilfe.

....

3.3 **Vor dem Verlassen des Raumes** müssen die Fenster geschlossen werden.

....

3.4 Die Spieler waren stolz **trotz der Niederlage**.

....

3.5 Wir lernen die Wörter **durch gegenseitiges Abfragen**.

....

Übung 4

Verkürzen Sie zu Ellipsen. Beispiel: ~~Sie müssen nur~~ heisses Wasser darübergiessen – und ~~die Mahlzeit ist~~ fertig.

4.1 Bevor Sie mit dem Öffnen des Gerätes beginnen, sollten Sie den Stecker aus der Steckdose ziehen.

4.2 Sie sind gebeten, den Lift nicht zu überladen, sonst besteht Blockierungsgefahr.

4.3 Machen Sie Ferien im Wallis, das ist ein garantierter Genuss für Sie!

4.4 Es ist ein Kind entführt worden. Die Entführer fordern von den Eltern ein hohes Lösegeld.

Übung 5

Suchen Sie in Zeitungen Beispiele für den Ellipsen-Stil (z. B. Überschriften und Schlagzeilen).
Erweitern Sie diese Beispiele wieder zu vollständigen Sätzen.

Relativsatz

Was ist ein Relativsatz?

Dieser Satz heisst so, weil er mit einem Relativpronomen eingeleitet wird. Ob man als Relativpronomen **der/die/das** in einem bestimmten Fall oder **welch-** verwendet, spielt keine Rolle. **Welch-** kann jedoch weder im Genitiv noch anstelle des Relativpronomens **was** verwendet werden.

Worauf bezieht sich das Relativpronomen?

Das Relativpronomen muss sich jeweils auf das letztgenannte Nomen oder Pronomen im Hauptsatz beziehen: Die Leute, ***die* in der Nähe standen**, wurden Zeugen eines merkwürdigen Schauspiels. Sie ist eine von den Kolleginnen, ***die* mir sehr geholfen haben**. (Bezugswort **Kolleginnen**)

Wenn man die Bezugsregel missachtet, entstehen missverständliche oder unsinnige Sätze: «Ich schaue die Bilder meiner Freunde an, **die** an der Wand hängen.»

Stellung des Relativsatzes

Der Relativsatz wird häufig an den Hauptsatz angeschlossen oder in diesen eingeschoben:
Ich traf eine Freundin, **welche ich seit Jahren nicht mehr gesehen hatte**.
Ein Arzt, **der zufällig anwesend war**, leistete erste Hilfe.

Der Relativsatz kann auch am Anfang des Satzgefüges stehen. Dies ist jedoch zu vermeiden, da es stilistisch häufig unschön wirkt. **Was ich gefährlich finde**, ist, wenn sich Autofahrer nicht anschnallen.

Relativsätze mit Präposition

Als Relativsätze gelten auch jene, die mit einer Präposition und einem Relativpronomen eingeleitet werden: Das Buch, ***von dem* sie gesprochen hat**, werde ich mir auch kaufen.

Relativpronomen *was*

Relativsätze werden mit dem Relativpronomen **was** eingeleitet, wenn sie
- auf ein indefinites Pronomen bezogen sind: Das ist **alles**, was ich weiss.
- auf einen allein stehenden Superlativ bezogen sind: Das ist das **Dümmste**, was du tun kannst.
- auf den ganzen Hauptsatz bezogen sind: **Sie hat mir eine Postkarte geschickt**, was mich sehr gefreut hat.

In den gleichen drei Fällen werden jeweils Relativpronomen und Präposition zu einem Wort zusammengezogen:
- Das war etwas, **womit** (nicht: **mit dem**) ich nicht gerechnet hatte.
- Das Wichtigste, **worauf** (nicht: **auf was**) Sie achten müssen, ist diese Liste.
- Sie hat mir die verlorene Brieftasche zurückgebracht, **wofür** ich ihr herzlich danke.

Nach Sachnomen müssen Präposition und Pronomen getrennt werden: Das gibt ein grosses **Fest**, **auf das** ich mich sehr freue. (nicht **worauf**)

Relativsätze werden immer durch Komma(s) vom Hauptsatz getrennt.

Übung 1

Setzen Sie Relativpronomen ein.

1.1 Ist das die Kundin, ... du gestern geschrieben hast?

1.2 Er gehört auch zu den Leuten, ... gekündigt wurde.

1.3 Das ist eine von drei Flaschen, ... sich im Geschenkkorb befand..........

1.4 Die Präsentation, ... ich vorbereitet hatte, gefiel den Anwesenden gut.

1.5 Die neue Aufgabe, ... ich mich zuerst nicht gewachsen fühlte, stellte sich als viel leichter heraus, ... mir neuen Mut machte.

1.6 Dieses Kleid ist das teuerste, ... ich je gekauft habe.

1.7 Viele Wanderer, ... wir begegneten, grüssten uns freundlich.

1.8 Es gibt noch vieles, ... mich interessiert.

1.9 Das ist die Kollegin, ... Auto gestern gestohlen wurde.

1.10 Das Interessanteste, ... ich in den Ferien gesehen habe, war das Vikinger-Museum in York.

1.11 Mofas, ... Motoren lärmen, gehen mir auf die Nerven.

1.12 (Aus der Zeitung:) Er ist einer von drei mutmasslichen Terroristen, ... sich zuletzt vor allem in Hamburg aufhielt..........

Übung 2

Setzen Sie Relativpronomen und Präposition (getrennt oder verbunden) ein.

2.1 Das ist etwas, ... ich mir keine Vorstellung machen kann.

2.2 Die wichtigste Aufgabe, ... er sich kümmert, ist die Betreuung der Reklamationen unzufriedener Kunden.

2.3 Sie ist eine Lehrerin, ... ich viel gelernt habe.

2.4 Es ist doch nur eine Kleinigkeit, ... du dich so ärgerst.

2.5 Die Leute, ... ich zusammenarbeite, sind alle sehr nett.

2.6 Ein Sechser im Lotto ist etwas, ... viele Leute träumen.

2.7 Das ist einer von mehreren Begriffen, ... ich mir nichts Konkretes vorstellen kann.

2.8 Er hat 1000 Franken zurückbezahlt, ... seine Schulden beglichen sind.

2.9 Die Schmiergeldaffäre, ... er gestolpert ist, hat ihn sein Amt gekostet.

2.10 Es gibt nichts, ... ihr euch entschuldigen müsstet.

Übung 3

Verbessern Sie folgende Sätze, indem Sie **nicht** mit dem Relativsatz beginnen.

3.1 Was mir immer wieder auffällt, ist, wie freundlich die Leute sind.

3.2 Was einen schlechten Eindruck macht, ist seine unordentliche Art, sich zu kleiden.

3.3 Was leider trist aussieht, sind die grauen Betonwände.

3.4 Was man sofort feststellt, ist, wie hell die Büros wirken.

3.5 Was mich jedesmal ärgert, ist, dass er, der nur Forderungen stellt, selber nichts zur Lösung des Problems beitragen will.

Übung 4

Suchen Sie aus einem Zeitungsartikel oder einem Buch zehn Relativsätze.

Konjunktionalsatz

Die häufigste Art von Nebensätzen ist der *Konjunktionalsatz*. Wie sein Name es sagt, wird er mit einer Konjunktion eingeleitet. (Die Konjunktionen *und, oder, denn, aber* leiten Hauptsätze ein.)

Dies sind die häufigsten Konjunktionen, welche Konjunktionalsätze einleiten:

wenn, damit, dass, bis, als, falls, obwohl, weil, solange, während, nachdem, bevor, ob, so dass, seit, da

Die Konjunktionen spielen eine entscheidende Rolle bei der Satzaussage:
Er darf Fernsehen schauen, **falls** er brav ist. (Bedingung)
Er darf Fernsehen schauen, **weil** er brav ist. (Begründung)
Er darf Fernsehen schauen, **damit** er brav ist. (Absicht)
Er darf nicht Fernsehen schauen, **bis** er brav ist. (Zeitraum)
Er darf nicht Fernsehen schauen, **obwohl** er brav ist. (Einräumung)

Stilistisches

In vereinzelten Fällen kann die einleitende Konjunktion weggelassen werden:
Wenn wir rechtzeitig angefangen hätten, wären wir nicht in Zeitnot geraten.
Hätten wir rechtzeitig angefangen, wären wir nicht in Zeitnot geraten.

In **dass**-Sätzen ist es häufig stilistisch eleganter, wenn man die Konjunktion weglässt:
Ich glaube, dass er heute nicht mehr vorbeikommt.
Ich glaube, **er kommt heute nicht mehr vorbei**.

Durch das Weglassen der Konjunktion **dass** rutscht das Prädikat von seiner gewohnten Nebensatz-Position am Ende des Satzes nach vorne an die 2. Stelle. Dennoch gilt der Satz weiterhin als Nebensatz.
Dasselbe geschieht bei der indirekten Rede, wo **dass** ebenfalls vermieden werden sollte:
Sie sagte, dass sie nach Hause gehe.
Sie sagte, sie gehe nach Hause.

Übung 1

Unterstreichen Sie im folgenden Text alle Konjunktionalsätze. Wie viele finden Sie?

Sibylle Rapp: Das rote Spielzeugauto (1979)

Ich ärgerte mich das erste Mal in meinem Leben, kurz nachdem ich das Licht dieser Welt in Form einer Neonlampe erblickt und der Arzt meiner Mutter mit freundlichem Lächeln mitgeteilt hatte, dass ihr Drittgeborenes ein Mädchen sei. Mein Ohr war hellwach. Wenn es auch klein, geknickt, verklebt und allenfalls als niedlich zu bezeichnen war, nahm es dennoch jene für mich so wichtige Parole auf. Da ich meinen Chromosomensatz nicht rückgängig machen konnte, beschloss ich, die Hindernisse, die durch mein Geschlecht bedingt sind, sanft, aber mit Nachdruck aus dem Wege zu räumen.

Meine ersten Räumungsarbeiten begann ich mit zwei Jahren, indem ich meine Puppe aus dem Fenster schmiss, um mit dem kleinen roten Auto meines Bruders zu spielen. Zu meiner Verwunderung gefiel meinem Bruder die arme misshandelte Puppe mit den blauen Kulleraugen und dem seidigen Haar so sehr, dass er sie zwecks weiterer Verwendung wieder in das Kinderzimmer einschleuste.

Da die altmodische Vorstellung, dass Mädchen Hausarbeit verrichten mussten, weil Jungen sie weder bewältigen möchten noch können, schon von meiner älteren Schwester mit überzeugenden Gegenargumenten bei uns zu Hause vernichtet worden war, hatte ich dort in dieser Beziehung keine Schwierigkeiten. Die gab es dafür in der Schule, als z. B. unser Chemielehrer beim Wasserkochen – nicht aus Provokation, sondern aus Überzeugung heraus – verkündete, dass jetzt besonders die Mädchen aufpassen sollten, damit sie später die nötigen Voraussetzungen zum Kaffeekochen besässen. Dann wurde uns im Sozialkundeunterricht beigebracht, dass in Artikel 3 der Grundrechte steht: «Gleichheit aller vor dem Gesetz – Gleichberechtigung der Frau.»

Dies wirkte auf mich natürlich sehr überzeugend, besonders nachdem ich ein Berufsinformationsheftchen über das Auswärtige Amt gelesen hatte, in dem unter anderem stand, dass eine Frau kaum Chancen hat, angenommen zu werden. Nachdem ich mit Erfolg mein Abitur bestanden hatte und vom Auswärtigen Amt trotz überzeugender Leistungen abgewiesen worden war (mit dem Argument, dass sich eine kostspielige Ausbildung nicht lohnt, weil ich eines Tages heiraten, Kinder kriegen und dann bis ans Lebensende an den Kochtopf gefesselt sein werde), entschied ich mich für eine Banklehre, an die ich noch das Betriebswirtschaftsstudium anhängte.

Ich wurde sofort nach dem mündlichen Vorstellungsgespräch und dem Vorzeigen meiner mehr als zufriedenstellenden Zeugnisse und Examina bei einer bekannten Firma angenommen, doch erhielt ich nach vielen Jahren Arbeit und trotz andauernder Bemühungen nie eine führende Position, da sich das psychologisch ungünstig auf das Betriebsklima auswirken würde. Ausserdem hat ein Mann keinen Respekt vor einem weiblichen Vorgesetzten.

So blieb mir eines Tages doch nichts anderes übrig, als zu heiraten, Kinder zu kriegen und mir vor dem Kochtopf zu überlegen, warum unser Staat so stolz auf seine Grundrechte ist.

Aber warum sollte ich mich beschweren? Uns geht es finanziell gut, meine Kinder und mein Mann lieben mich, und Putzen, Einkaufen usw. sind doch sehr ausfüllende und befriedigende Beschäftigungen.

Und wenn ich meinen sonntäglichen Besuch bei meinen Eltern antrete und ihnen stolz erzähle, zu was ich es gebracht habe, erzählen sie mir zum hunderteinundfünfzigsten Mal die Geschichte von dem roten Spielzeugauto meines Bruders.

(Aus: Lesehefte für den Literaturunterricht, Kürzestgeschichten, zusammengestellt von Dagmar Grenz, Ernst Klett Verlag, Stuttgart, 1987)

Übung 2

Schreiben Sie die Nebensätze ohne einleitende Konjunktionen.

2.1 Wenn er nicht so schnell gefahren wäre, hätte sich der Unfall nicht ereignet. ....

....

2.2 Er behauptete steif und fest, dass er geglaubt habe, dass das Parkieren hier erlaubt sei. ....

....

2.3 Falls Sie dasselbe Produkt anderswo günstiger finden sollten, werden wir Ihnen die Differenz vergüten.

....

2.4 Wenn man ihn fragt, behauptet er, dass alles in Ordnung sei. ....

....

Nebensätze ohne konjugiertes Verb

Infinitivsatz und Partizipialsatz sind Nebensätze, die kein konjugiertes Verb aufweisen. Als Prädikat dient ihnen, wie ihr Name sagt, ein Infinitiv oder Partizip.

Der Infinitivsatz

Wie der Name sagt, steht das Prädikat im Infinitiv.
Ohne ein Wort *zu sagen*, erhob er sich und verliess den Raum.

Das Komma muss bei diesen Nebensätzen gemäss neuer Rechtschreibung in folgenden Fällen gesetzt werden:
1. Eine unterordnende Konjunktion leitet den Infinitivsatz ein: um, ohne, statt, anstatt, ausser, als.
> Meine Tante ging, **ohne** sich zu verabschieden. **Um** den Feierabendverkehr zu umgehen, verliess er die Sitzung früher. Es gibt nichts Schöneres, **als** ein richtig gutes Buch zu lesen.
2. Die Infinitivgruppe hängt von einem Nomen ab:
> Unsere **Idee**, die Arbeit selbst zu übernehmen, kam bei den anderen nicht an.
3. Es steht ein hinweisendes Wort im Hauptsatz: es, das, darauf, daran ...
> Ich freue mich **darauf**, dich wiederzusehen. **Es** ist besser, jetzt nach Hause zu gehen.

In allen anderen Fällen ist die Kommasetzung freiwillig, aber empfehlenswert, weil die Gliederung des Satzes dadurch deutlich wird. Ausserdem ist es nie falsch, ein Komma zu setzen.
> Sie empfahl uns anzurufen.
> Sie empfahl (jemand anderem), uns anzurufen.
> Sie empfahl uns, (jemanden) anzurufen.

Für **um zu**-Sätze gilt:
1. Das Subjekt des Hauptsatzes ist auch das Subjekt des Infinitivsatzes:
> Ich ging in die Stadt, um einzukaufen. (ich ging/ich kaufte ein)
> *Die Stadt lockte uns mit den vielen Läden an, um einzukaufen.*
Falsch, denn: Die Stadt lockt, aber sie kauft nicht ein.

2. Sie drücken eine Absicht aus:
> Ich ging in die Stadt, um einzukaufen. (... weil ich einkaufen wollte.)
> *Das Auto schleuderte über die Strasse, um schliesslich in eine Mauer zu krachen.*
(Es ist nicht anzunehmen, dass das Auto die Absicht hatte, die Mauer zu rammen!)

Der Partizipialsatz

Das Prädikat des Partizipalsatzes ist ein Partizip Präsens oder ein Partizip Perfekt.
Ärgerlich vor sich hin *schimpfend*, machte er sich an die Arbeit.
Auf dem Tisch stand eine feine Torte, **hübsch mit Zuckerguss *verziert***.

Auch für den Partizipialsatz gilt: Er muss das gleiche Subjekt haben wie der Hauptsatz.
> Er kam die Treppe hinauf, vergnügt ein Liedchen pfeifend. (er kam/er pfiff)

Bei Missachtung der Subjekt-Regel entstehen unsinnige Sätze:
> Die Strasse hinunter spazierend, bot uns der Eiffelturm einen spektakulären Anblick.
(Der Eiffelturm hat zwar vier «Beine» und sähe auf seinem Spaziergang sicher toll aus.)
> Von der Krankheit geheilt, entliess mich der Arzt wieder aus dem Spital.
(Wer war geheilt?)

Übung 1

Unterstreichen Sie die Infinitivsätze und überlegen Sie sich, ob ein Komma nötig ist. Wo kann allenfalls ein Komma den Satzsinn ändern?

1.1 Es ist nicht immer leicht für ihn ein passendes Geschenk zu finden.

1.2 Es geht in der Sitzung darum eine Lösung für das Finanzproblem zu finden.

1.3 Um bessere Noten zu erzielen sollte er fleissiger lernen.

1.4 Das grösste Problem war es ein Stück Draht aufzutreiben.

1.5 Nehmt doch den Zug statt mit dem Auto lange im Stau zu stehen.

1.6 Haben Sie auch schon daran gedacht ein höheres Diplom anzustreben?

Übung 2

Geben Sie die Sätze mit Hilfe von Infinitivkonstruktionen wieder (um zu; ohne zu; anstatt zu)
Beispiel: Ich wollte einkaufen. Ich ging in die Stadt. > Ich ging in die Stadt, um einzukaufen.

2.1 Du würdest besser mithelfen. Aber du kritisierst nur.

....

2.2 Sandra legt jeden Monat Geld zur Seite. Sie möchte ein Auto kaufen.

....

2.3 Er zögerte keinen Moment. Er nahm das Angebot an.

....

2.4 Der Kleine holte sich Schokolade aus dem Schrank. Die Mutter fragte er nicht.

....

Übung 3

Sind die folgenden Sätze korrekt (✓) oder falsch (F)? Wenn falsch, verbessern Sie.

3.1 Ich besuchte den Berufsberater, um einen passenden Beruf zu finden.

3.2 Alle wissen, dass die Malediven schön sind, um dort Ferien zu machen.

3.3 Um über das Weltgeschehen informiert zu sein, lese ich jeden Tag die Zeitung.

3.4 Ich rief die Feuerwehr, um den Brand zu löschen.

3.5 Die Kinder trugen Holz zum Picknickplatz, um dort ein Feuer zu machen.

3.6 Eine Anleitung wird mitgeliefert, um keine Fehler in der Bedienung zu machen.

3.7 Er bereitete sich seriös auf die Prüfung vor, um dann doch knapp durchzufallen.

Übung 4

Richtig (✓) oder falsch (F)? Verbessern Sie, was falsch ist.

4.1 Endlich zu Hause angekommen, machte ich mir zuerst einen heissen Tee.

4.2 Den Grosseltern zuwinkend, machten sie sich schliesslich auf den Weg.

4.3 Das Fussballspiel am Fernseher verfolgend, fiel im spannendsten Moment plötzlich der Strom aus.

4.4 Die Wanderer erreichten die Hütte, vom Regen durchnässt und vom eisigen Wind steifgefroren.

4.5 Kaum im Hotel angekommen, ging unser Stress schon weiter.

4.6 Im Büro des Chefs sitzend, tauchte schon das erste Problem auf.

4.7 Mit feinen Hundeflocken gefüttert, gehe ich anschliessend mit Fido spazieren.

Kommasetzung allgemein

Die Kommasetzung im Deutschen ist mit der Rechtschreibereform ziemlich stark vereinfacht und auch aufgeweicht worden. In einigen Fällen sind Kommas ganz verschwunden; häufig ist das Setzen von Kommas freiwillig geworden. Doch natürlich sind daneben einige Regeln geblieben, nach denen Kommas gesetzt werden müssen.

Das Komma schafft Klarheit

Das Komma ist in erster Linie dazu da, Ordnung in einen Satz zu bringen, damit man ihn leichter lesen kann.
Manchmal denke ich besonders wenn längere Sätze zu bewältigen sind es sei ganz praktisch Kommas Strichpunkte Klammern setzen zu können oder sie beim Lesen vorzufinden obwohl wie alle wissen beim Sprechen ja auch keine Satzzeichen es ist doch so vorkommen.
Wie unübersichtlich wirkt doch ein solcher Satz.

Daneben gibt es auch das Komma, welches den Satzsinn erst ermöglicht:
Ich rate ihnen zuerst einmal nicht das Problem darzulegen.

Ich rate, ihnen zuerst einmal nicht das Problem darzulegen.
Ich rate ihnen, zuerst einmal nicht das Problem darzulegen.
Ich rate ihnen zuerst, einmal nicht das Problem darzulegen.
Ich rate ihnen zuerst einmal, nicht das Problem darzulegen.
Ich rate ihnen zuerst einmal nicht, das Problem darzulegen.

Zwei «Komma-Märchen»

Im Zusammenhang mit der Kommasetzung gilt es zwei Märchen auszuräumen:

Das eine ist tatsächlich eine Art Märchen vom lebensrettenden Komma. Lehrpersonen verwenden es mit Vorliebe, um den Lernenden die Wichtigkeit der Satzzeichen zu demonstrieren: Der russische Zar soll einmal ein Gnadengesuch eines zum Tode Verurteilten abgelehnt haben. Er gab seinem Sekretär den Text des zu sendenden Telegramms: **«Begnadige nicht aufhängen!»** Er meinte damit eigentlich: **«Begnadige nicht, aufhängen!»** Da er aber auf seinem Notizzettel kein Komma gesetzt hatte, schickte der menschenfreundliche Sekretär den Text: **«Begnadige, nicht aufhängen!»** Niemand hat allerdings erklären können, warum der russische Zar ein Telegramm in deutscher Sprache abgefasst haben soll.

Das andere Märchen ist grammatikalischer Natur. Es gibt keine Regel, die besagt, im Deutschen stehe vor **«und»** nie ein Komma. Die früher recht zahlreichen Regeln, die vor «und» ein Komma verlangten, sind nach der Rechtschreibereform zwar einige weniger geworden; es gibt aber immer noch Fälle, wo vor **«und»** ein Komma nötig ist. Von einem bekannten deutschen Sprachkritiker stammt das Beispiel: **Der Zug überfuhr eine Kuh, die auf den Schienen stand und entgleiste.** Damit nicht unfreiwillig komisch die Kuh entgleist, muss vor «und» das Komma gesetzt werden.

Übung 1

Setzen Sie im mehrdeutigen Mustersatz das Komma an verschiedenen Orten und erklären Sie die jeweilige Bedeutung der Sätze.

Wir rieten ihm sofort zu helfen. ....

Wir rieten ihm sofort zu helfen. ....

Wir rieten ihm sofort zu helfen. ....

Übung 2

Testen Sie Ihre Komma-Sicherheit: Drei Sätze dieser Übung haben ein Komma, drei Sätze zwei und drei Sätze kein Komma.

2.1 Das auf heute Abend angesetzte Konzert der Gruppe «Alpenrocker» muss leider wegen Erkrankung eines der Bandmitglieder auf einen Zeitpunkt nach den nächste Woche beginnenden Sommerferien verschoben werden.

2.2 Gut ich komme vorbei und zwar gleich morgen.

2.3 Ein Markensammler löst Briefmarken vorsichtig ab und bewahrt sie sorgfältig auf denn beschädigte Marken haben keinen Wert mehr und können ebenso gut weggeworfen werden.

2.4 Der Velorennfahrer musste einem Kind ausweichen das auf die Strasse rannte und stürzte dabei schwer.

2.5 Die vom Räuber am Tatort zurückgelassene Mütze führte die Polizei auf seine Spur.

2.6 An einem schönen warmen Morgen im Frühling letzten Jahres sassen wir auf der Terrasse und nahmen das Frühstück ein.

2.7 Wir gaben die Karte dem Leiter der Gruppe damit er die Marschroute bestimmen konnte.

2.8 Wer die Geschwindigkeit massiv überschreitet muss nicht nur mit einer saftigen Busse sondern unter Umständen auch mit einem Führerscheinentzug rechnen.

2.9 Genau in diesem Moment kam unser Nachbar mit seinem Hund um die Ecke und erblickte die ganze Bescherung in seinem Garten.

Übung 3

Erst das Komma macht folgende Sätze eindeutig. Wo können Kommas gesetzt werden?
Erklären Sie die unterschiedlichen Varianten.

3.1 Die Menschen nicht die Mauern machen die Stadt aus.

3.2 Die Gesellschaft war betrunken bis auf den letzten Mann.

3.3 Ich freue mich besonders wenn wir Ferien haben.

3.4 Thomas mein Nachbar und ich waren gestern in Bern.

3.5 Der brave Mann denkt an sich selbst zuletzt.

3.6 Sie hat den schönsten Mund weit und breit.

3.7 Ich möchte wie mein Vater Millionär werden.

3.8 Er beschloss ausserdem anzurufen.

3.9 Herr Braun ist mein einziger untauglicher Mitarbeiter.

3.10 Ich mag Freunde die lügen nicht.

3.11 Hier wird die Post die eingeht im Laufe des Tages sortiert.

3.12 Jetzt freue ich mich wieder arbeiten zu dürfen.

Das Komma im einfachen Satz

Zwischen Haupt- und Nebensatz steht ein Komma. Diese Regel deckt einen Grossteil der zu setzenden Kommas ab. Doch es gibt auch ein paar Regeln, die sich auf die Kommasetzung innerhalb eines einzigen Satzes beziehen.

Das Komma steht bei Aufzählungen (anstelle von «und»)

Wir bieten Abendkurse für Deutsch, Französisch, Englisch, Italienisch und Spanisch.

Komma oder kein Komma zwischen Adjektiven?

Auch zwischen Adjektiven steht das Komma für «und»: Der ältere, elegante Herr führte einen grossen, schwarzen Hund an der Leine. (Der Herr ist älter und elegant; der Hund gross und schwarz.) Aber: Goethe war ein grosser deutscher Dichter. (Goethe war nicht gross und deutsch, sondern der deutsche Dichter war gross. Das Adjektiv **gross** bezieht sich auf **deutscher Dichter**.)

Das Komma steht nach einem «Auftaktwort»

Gut, ich helfe dir. Hallo, Sie, Herr Weiss, bitte kommen Sie ans Telefon.

Das Komma steht, wenn genauere Angaben, Beispiele oder Zusätze angehängt werden

Ich helfe im Haushalt mit, zum Beispiel beim Abwaschen.
Jetzt muss eine Abrechnung her, und zwar sofort.
Er hat oft noch Schmerzen, besonders in der Nacht.

Das Komma steht bei Einschüben

Markus Weber, der Kassier des Vereins, hat sich entschuldigt.
Eines Tages, es war ein Sonntag, kam ihr diese grossartige Idee.
Klara, noch jung und unerfahren, war mit der Situation völlig überfordert.

Das Komma steht vor Konjunktionen, die Dinge trennen oder auseinanderhalten

Diese Pralinés sind teuer, aber ausgezeichnet.
Sie spricht nicht nur Russisch, sondern auch Arabisch.

Kommas bei: aber, doch, sondern, nicht nur – sondern auch, teils – teils, bald – bald

Kein Komma steht vor Konjunktionen, die verbinden oder aneinanderreihen

Wir haben den Empfangsbereich sowie die Besucherräume renoviert.
Er spielt sowohl Klavier als auch Trompete.

Kein Komma bei: und, sowie, oder, weder – noch, sowohl – als auch, entweder – oder

Ebenso steht kein Komma bei einfachen Vergleichssätzen:
Diese Prüfung war schwieriger als die letzte. Es dauerte nicht so lang wie gestern.
Aber bei vollständigem Vergleichs-Nebensatz ist ein Komma nötig:
Diese Prüfung war schwieriger, als wir uns dies vorgestellt hatten.
Es dauerte nicht so lange, wie wir es eigentlich erwartet hatten.

Übung 1

Setzen Sie Kommas, wo nötig.

1.1 Man verbindet die Schweiz immer wieder mit Uhren Käse Schokolade oder Militär-Taschenmessern.

1.2 Wir gehen am Samstag entweder in einem gemütlichen italienischen Restaurant eine Pizza essen oder im Kino den neuen James-Bond-Film anschauen.

1.3 Ach Sie sind bestimmt unsere neue Nachbarin nicht wahr.

1.4 Dieses Jahr haben wir erheblich mehr Umsatz erzielt als letztes Jahr nämlich ziemlich genau das Doppelte.

1.5 Prima da bin ich gerne auch dabei aber nur bei schönem Wetter.

1.6 Hier bekommt man nicht nur italienische französische oder spanische Spezialitäten sondern auch chinesische indische und japanische Speisen.

1.7 Die Parkplätze sind meist voll belegt vor allem an Samstagen sowie während des Abendverkaufs.

1.8 Sowohl Französisch Deutsch und Englisch als auch Rechnen Geschichte und Physik werden geprüft und zwar jeweils entweder schriftlich oder mündlich.

1.9 Der Hund ist gross und bullig aber sehr gutmütig vor allem gegenüber Kindern.

1.10 In den Ferien mag ich weder in der Hitze schmoren noch an überfüllten Stränden liegen.

Übung 2

Das Komma zwischen Adjektiven. Hier müssen Sie genau auf die Bedeutung achten.
Beispiel: Er hat ein neues, amerikanisches Auto gekauft. > Sein altes Auto war nicht amerikanisch.

2.1 Die hinteren, billigen Plätze sind alle ausverkauft.
Die vorderen Plätze sind ....

2.2 Die nächste grosse Veranstaltung findet im September statt.
Die letzte Veranstaltung war ....

2.3 Das grosse geheizte Schwimmbecken wird nächstes Jahr saniert.
Das kleine Becken ist ....

2.4 Die jüngeren verkleideten Teilnehmer begaben sich an den Umzug.
Die älteren Teilnehmer waren ....

2.5 Das erste, laut gespielte Stück begeisterte die Zuhörer.
Das zweite Stück wurde .... gespielt.

2.6 Die kurze, schwierige Aufgabe bereitete mir keinerlei Probleme.
Die lange Aufgabe war ....

2.7 An einer weiteren, öffentlichen Sitzung des Rates wird das Problem nochmals behandelt.
Die letzte Sitzung des Rates war ....

Übung 3

Setzen Sie die Kommas.

Also jetzt sollten Sie mit den gängigsten Fällen der Kommasetzung sowohl im einfachen als auch im zusammengesetzten Satz vertraut sein. Setzen Sie stets Kommas selbst bei den flüchtigsten Notizen. Sorgfältiges korrektes Setzen von Kommas zeugt nicht nur von Kenntnis der Regeln sondern auch von einem klar strukturierten Denken sowie von einer gewissen Achtung vor der Sprache.

Das Komma zwischen Sätzen

Die alten Kommaregeln im Deutschen verlangten, dass zwischen zwei Hauptsätzen und zwischen Haupt- und Nebensätzen immer Kommas stehen mussten, ebenso zwischen nicht gleichen Nebensätzen. Diese Regeln sind teilweise gelockert worden(,) und ein Komma ist in einigen Fällen nicht mehr zwingend nötig. Es kann aber immer noch gesetzt werden ohne falsch zu sein. Deshalb gibt es eine sichere und nützliche *Faustregel*: *Es ist nie falsch, zwischen einem Hauptsatz (HS) und einem Nebensatz (NS) ein Komma zu setzen.*

Komma zwischen vollständigen Hauptsätzen

Wir müssen vorsichtig fahren, denn die Strassen sind glatt. HS, HS.

Freiwilliges Komma bei Hauptsätzen, die mit *und* bzw. *oder* verbunden sind

Die Kommasetzung ist neu geregelt worden (,) und deshalb ist ein Komma hier nicht mehr unbedingt nötig. HS (,) und HS.
Zwischen zwei durch *oder* verbundenen Hauptsätzen kann man ein Komma setzen(,) oder es kann weggelassen werden. HS (,) oder HS.

Komma zwischen Hauptsatz und Nebensatz

Wir fangen an, wenn alle da sind. HS, NS.
Damit ihr euch zurechtfindet, lege ich einen Plan bei. NS, HS.
Dort, wo das alte Kino stand, ist ein modernes Geschäftshaus gebaut worden. H, NS, S.

Komma zwischen ungleichen Nebensätzen

Ich bin nicht sicher, ob er sich bewusst ist, dass eine Vermarktung nur in Frage kommt, wenn die Qualität verbessert wird, damit das Produkt überhaupt eine Chance hat.
HS, NS1, NS2, NS3, NS4.

Kein Komma zwischen gleichen Nebensätzen, die mit *und* verbunden sind

Ich weiss, dass er morgen kommen wird und dass wir uns gut unterhalten werden.
HS, NS1 und NS2.

Freiwilliges Komma zwischen Satzgefüge und Hauptsatz

Wir warten noch fünf Minuten(,) und wenn er bis dann nicht da ist, gehen wir ohne ihn.
HS (,) und SG. (SG = NS, HS)

Übung

Setzen Sie im folgenden Text Kommas ein. Achten Sie dabei bewusst auf die Satzstrukturen. Wo sind die Hauptsätze? Welches sind Nebensätze?

Obwohl eine gepflegte und korrekte Sprache etwas vom Wichtigsten ist achten heute Sprechende und Schreibende oft zu wenig darauf. Man hört immer wieder wie vor allem junge Leute sich nur noch in einfachen und oft halben Sätzen unterhalten. Wohlüberlegte und durchdachte Sätze zu formulieren fällt ihnen schwer. Natürlich ist es einfacher nur noch Satzfragmente von sich zu geben weil man sich dabei weniger konzentrieren muss als wenn man sich um vollständige Sätze bemüht. Während dieser Umstand beim Sprechen noch verständlich ist wiegt er beim Schreiben schon schwerer. Wer schon beim Reden über wenig Sprache und einen kleinen Wortschatz verfügt wird beim Schreiben in noch grössere Schwierigkeiten geraten. Dabei legen heute viele Firmen welche Mitarbeiter suchen grossen Wert auf Bewerberinnen und Bewerber die sprachsicher und sprachgewandt sind. Man hat bessere Chancen auf eine Stelle wenn man sich sprachlich gut ausdrücken kann.

Was lässt sich tun damit man seine Sprachfertigkeiten verbessern kann? Ein gutes Mittel ist das Lesen von Büchern. Indem man liest nimmt man unbewusst Spracheindrücke auf und erweitert so seine Kenntnisse und Fähigkeiten. Der Wortschatz wird breiter und man bekommt ein Gespür für guten Stil. Das setzt natürlich voraus dass man nicht gerade etwas allzu Simples liest sondern dass man sich mit Geschriebenem befasst das ein gewisses Niveau hat.

Lesen hält aber für die Lesenden noch ein weiteres Phänomen bereit. Während wir ein Buch lesen tauchen wir in die beschriebene Welt ein bewegen uns darin und nehmen oft an der Handlung grossen Anteil wie wenn wir selber ein Teil der Geschichte wären. Wir meinen wir seien mittendrin. Wenn wir dann im wahrsten Sinne des Wortes ins Buch vertieft sind kann uns eine Störung beim Lesen ziemlich irritieren. Wir tauchen aus der Handlung auf und müssen uns zuerst wieder zurechtfinden. Wo bin ich? Was ist Realität und was Fiktion? Und am Ende des Buches sind wir mit den Figuren ganz vertraut und betrachten sie als lieb gewonnene Bekannte so dass es uns schwerfällt uns von ihnen zu trennen.

Viele erfolgreiche Bücher sind verfilmt worden. Falls wir die Gelegenheit haben den Film zu sehen sind wir meist enttäuscht. Das was uns auf der Leinwand im Kino geboten wird ist ganz anders als wir es uns vorgestellt haben. Das beweist dass der Film der in unserem Kopf während des Lesens abläuft viel intensiver ist als der Film im Kino. Also bietet uns das Lesen nicht nur eine Vertiefung unseres Sprachkönnens sondern auch eine Anregung unserer Fantasie.

Es gibt noch eine weitere Möglichkeit die Sprachkompetenz zu fördern. Wer nicht nur viel liest sondern auch selber schreibt wird seiner Sprachfähigkeit einen zusätzlichen Dienst erweisen. Wann haben Sie zum letzten Mal etwas geschrieben? Damit sind natürlich nicht SMS-Botschaften E-Mails voller Abkürzungen oder Grusspostkarten aus den Ferien gemeint. Verfassen Sie manchmal «richtige» Briefe an Verwandte und Bekannte oder pflegen Sie eine Brieffreundschaft? Das sind schon bessere Gelegenheiten zum Schreiben. Aber man kann ja nicht jeden Tag Briefe verschicken. Eine Möglichkeit wie man täglich eine Art Brief schreiben kann ist das Tagebuch. Was ist das anderes als eine Art Brief an sich selber in welchem man sich seine eigenen Erlebnisse und Gedanken erzählt. Falls Sie Lust haben und das Schreiben selber versuchen wollen sollten Sie einmal ein paar Monate lang ein Tagebuch führen. Zweifeln Sie nicht daran ob Sie das können. Nehmen Sie ein Heft und fangen Sie an. Ausser Ihnen liest das ja niemand. Es dauert einige Tage bis Sie in Schwung kommen doch mit der Zeit stellen Sie fest dass es Freude macht und dass Ihnen das Erzählen und Formulieren einfacher fällt. Und solange Sie Tagebuch schreiben halten Sie vieles fest was in späteren Jahren wieder in Erinnerung gerufen werden kann.

Übrige Satzzeichen 1

In Leserbriefen in der Zürcher Zeitung wurden Nicht Autofahrer so unverständlich das auch anmutet als Hinterwäldler bezeichnet und zwar nicht nur von 18 sondern sogar von 60 Jährigen doch ist es wirklich nötig im eigenen Personenwagen jederzeit mobil zu sein absolut nicht sagt dazu Albert Bühler ich fühle mich ohne Auto freier als früher frei sein ohne Auto sollte das nicht für viele eine Überlegung wert sein

Ein solcher Text ist für uns nicht ohne Weiteres verständlich, denn ohne Satzzeichen haben wir Schwierigkeiten, das Geschriebene gedanklich zu gliedern und zu deuten. Es wäre beispielsweise hilfreich zu wissen, wo einzelne Sätze aufhören oder wie sie strukturiert sind. Lesen wir nun die vollständige Version unseres Textes:

In Leserbriefen in der «Zürcher Zeitung» wurden Nicht-Autofahrer – so unverständlich das auch anmutet – als «Hinterwäldler» bezeichnet, und zwar nicht nur von 18-, sondern sogar von 60-Jährigen. Doch ist es wirklich nötig, im eigenen Personenwagen jederzeit mobil zu sein? «Absolut nicht!», sagt dazu Albert Bühler, «Ich fühle mich ohne Auto freier als früher.» «Frei sein ohne Auto» – sollte das nicht für viele eine Überlegung wert sein?

Wie dieses Beispiel zeigt, spielen nebst dem Komma auch andere Satzzeichen eine Rolle.

Punkt

Der Punkt steht

> am Schluss eines vollständiges Satzes oder einer Ellipse: Er sah aus dem Fenster. Geschafft.
> nach Abkürzungen, die im vollen Wortlaut gesprochen werden: z. B./u. a./bzw./m. E. (meines Erachtens)
> nach Ordnungszahlen: am 26. Oktober/1. Verpackung öffnen, 2. Etikette lesen …

kein Punkt steht

> nach Überschriften, Sätzen als Titeln: Der Film «Spiel mir das Lied vom Tod»
> nach Unterschriften
> am Schluss des Datums in Briefen: 15. Mai 2002
> nach Abkürzungen für Masse oder Himmelsrichtungen: kg, t, km, NW
> nach Abkürzungen, die als selbstständige Wörter gesprochen werden: KV («Kahfau» statt Kaufmännischer Verein), SBB («Essbébé» statt Schweizerische Bundesbahnen), UNO, EU, NATO

Strichpunkt

Der Strichpunkt ist vor allem sinnvoll bei der Gliederung längerer Sätze. Er ist schwächer als der Punkt, trennt aber stärker als das Komma:

> Er war überrascht, glücklich, unbekümmert wie schon lange nicht mehr; daher hätte er jeden Menschen, sogar seinen Chef, umarmen können.

Bei Aufzählungen dient der Strichpunkt dazu, Gruppen zu unterscheiden, deren Bestandteile schon durch Kommas getrennt sind:

> Herr Meier verkaufte in seinem Laden fast alles: Brot, Kuchen, Torten; Wurst, Schinken, Poulets; Obst und Gemüse.

Übung 1

Setzen Sie die fehlenden Kommas, Punkte, Strichpunkte und, wenn nötig, Grossbuchstaben.

1.1 Der Journalist fragte wie lange der Autor an seinem Buch gearbeitet habe wie er sich jetzt fühle und ob er bald wieder einen Roman schreiben werde

1.2 Der Film der vom Leben in der Wüste handelte gefiel unseren Nachbarn nicht was niemanden von uns weiter verwunderte

1.3 Der Kakaobaum ist ein anspruchsvolles Gewächs das Leben in zu grosser Höhe bei zu niedrigen Temperaturen und zu wenig Feuchtigkeit sagt ihm nicht zu

1.4 Solange bei euch umgebaut wird könnt ihr hier wohnen schliesslich haben wir genug Platz

1.5 Sie war beeindruckt von der Vielfalt der Gebäude in dieser Stadt da gab es Kirchen Paläste und eine Burg Banken Geschäftshäuser Einkaufszentren ein Sportstadion und ein Kunstmuseum

1.6 Alle waren schon längst gegangen nichts zu machen er musste nun selbst zurechtkommen

1.7 Das OK des Vereins teilt mit es seien insgesamt 27 kg Brot 60 l Mineralwasser und 31 l Bier konsumiert worden

1.8 Am 12 Juni wurde der 50 000 Besucher des neuen Schwimmbads registriert er erhielt von der Gemeinde eine moderne Taucherbrille

1.9 Zecken Fliegen Mücken usw können einem den Aufenthalt im Freien verleiden vor allem wenn man sich nicht gegen sie schützen kann

1.10 Ich hatte gesehen dass im Haus nebenan wo Rufers wohnten noch Licht brannte da konnte ich mir bestimmt noch etwas Backpulver borgen

1.11 Für die 100 km die er an den Lauftagen gerannt ist hat Bernhard lange trainiert ich finde wir sollten ihm heute noch gratulieren

1.12 Ich habe mir eine Ferienlektüre gekauft sie heisst «Glaube stets an das Gute» jetzt freue ich mich auf unterhaltsame entspannende Lesestunden

Übung 2

Setzen Sie die fehlenden Kommas, Punkte und Grossbuchstaben.

Er war schon lange Zeit da gewesen wortlos an seinem Tisch gesessen bevor er von den andern beachtet wurde plötzlich dann nickte man zu ihm hinüber man lachte stand auf trat an seinen Tisch reichte ihm die Hand hin freundlich setzte sich zu ihm rückte die Krawatte zurecht und beteuerte es sei eine Ehre eine Freude den berühmten Mann einmal persönlich hier zu sehen die Verlegenheit die rot in seinem Gesicht stand wurde als Bescheidenheit gedeutet doch einer sprach die Vermutung aus es könnte ja es müsse sich um eine Verwechslung handeln die Ähnlichkeit sei zwar aussergewöhnlich sei täuschend der verlegene Ausdruck wechselte nun in ihre Gesichter man stand zögernd auf nickte noch lächelte kaum mehr gab die Hand die ohnehin zu feuchte nicht ging zurück an den eigenen Tisch setzte sich wieder man schaute vielleicht nochmals hinüber stocherte mit dem Löffelchen in der Tasse und vergass den Mann am andern Tisch nie hatte er etwas gesagt hatte keine Aufmerksamkeit verlangt er war derselbe geblieben war verwechselt erhoben worden es sei eine Ehre hatte man gesagt ein Irrtum war es stellte sich heraus er war zurückgestossen fallengelassen worden noch lang sass er an seinem Tisch ehe er ging sass still stand plötzlich auf ging schnell ging grusslos und wurde nie mehr gesehen an diesem Ort

(Silvio Blatter: Der Fremde)

Übrige Satzzeichen 2

Ausrufezeichen

Das Ausrufezeichen steht nach
> Aufforderungssätzen, die mit Nachdruck geäussert sind, Wünschen und Befehlen:
Komm augenblicklich hierher!/Wenn ich nur wieder einmal ausschlafen könnte!
> Ausrufen: Hurra! Wie herrlich!
> Ausrufesätzen, welche die Form von Fragesätzen haben: Wie schnell kann sich das Schicksal wenden!
Ausrufezeichen signalisieren, wie es der Name sagt, lautes Sprechen oder Schreien und sollten nur sparsam eingesetzt werden. Briefe oder E-Mails mit zu vielen Ausrufezeichen wirken aufdringlich.

Fragezeichen

Das Fragezeichen kennzeichnet
> direkte Fragen: Wann kommt der Zug an?
> rhetorische Fragen: Er setzte sich über alle Regeln hinweg. Hat man dazu Worte?

Doppelpunkt

Der Doppelpunkt steht
> zwischen Einleitungssatz und direkter Rede:
Frau Moser kündigte an: «Morgen fahre ich nach Bern.»
> vor ausdrücklich angekündigten Sätzen oder Satzstücken:
Ich hatte es geahnt: Einen Termin zu finden, war fast unmöglich.
Folgt kein vollständiger Satz, schreibt man nach dem Doppelpunkt klein.
Er nahm genug Proviant mit: zwei Äpfel, einen Liter Tee und mehrere Sandwiches.

Anführungszeichen

Anführungszeichen stehen
> vor allem bei direkter Rede: «Endlich Ferien!», jubelte sie.
> bei Zitaten (wörtlich wiedergegebenen Textstellen oder Aussagen) und bei Buch-, Werk- oder Zeitungstiteln: Mit seinem ewigen «Mir ist langweilig» nervte er uns./Sie liest das «Bieler Tagblatt».
> bei Einzelwörtern oder Wortgruppen, die herausgehoben, in Frage gestellt oder ironisiert werden sollen: Meine Grossmutter freute sich jeweils «heillos», wenn wir sie besuchten./Er behauptete, er habe dieses Fahrrad «gefunden». (Man sollte jedoch einen Ausdruck nicht in Anführungszeichen setzen, nur weil einem keine treffende Formulierung einfällt.)
Komma oder Strichpunkt stehen immer nach dem schliessenden Anführungszeichen.
Der Lehrer rief: «Was soll der Unfug?», klang aber nicht sehr ärgerlich.

Gedankenstrich

Der Gedankenstrich kann einzeln oder doppelt auftreten. Der einfache Gedankenstrich soll die Lesenden zum Nachdenken veranlassen und auf eine unerwartete Wendung vorbereiten. Er steht
> in Überschriften und Schlagzeilen: Steuergelder unterschlagen – Skandal!
> zwischen nicht eingeleiteten direkten Reden «Was meinst du dazu?» – «Ich weiss nicht.»
> statt eines Doppelpunkts: Ihm geht es nur um eines – Geld.
Der doppelte Gedankenstrich schliesst eingeschobene Wortgruppen und Sätze ein, wenn Kommas oder Klammern zu schwach erscheinen.
Das Gebäude war – was niemand geglaubt hätte – in nur wenigen Wochen errichtet worden.

Übung 1

Setzen Sie Ausrufezeichen, Fragezeichen, Doppelpunkte, Anführungszeichen, Gedankenstriche und, wenn nötig, Grossbuchstaben.

1.1 Sollen wir am Wochenende wandern gehen meinetwegen.
1.2 Walter sagt über London und er hat schon viele Städte gesehen es herrsche ein unvorstellbares Verkehrschaos.
1.3 Die grosse Schwester schrie lass die Finger von meinen Sachen du gehst mir auf die Nerven.
1.4 Der Ausspruch Freude herrscht ist innert Kürze als geflügeltes Wort in die Umgangssprache eingegangen.
1.5 In der Berner Zeitung stand geschrieben Ozongehalt steigt was nun.
1.6 Warum sich auch sorgen, fand Herr Braun, das Reisebüro hat meine Ferien gut organisiert.
1.7 Am Morgen spürte er die Folgen der durchzechten Nacht starke Kopfschmerzen Übelkeit und Schwindelgefühle.
1.8 Achtung, Achtung, ertönte es aus dem Lautsprecher, die fünfjährige Natalie sucht ihre Eltern.
1.9 Warum er nicht schon früher auf diese ausgezeichnete Idee gekommen war, konnte er sich nicht erklären.
1.10 Hatten wir es nicht schon lange vermutet Bäcker Hofers Buttergebäck enthielt Schweineschmalz.
1.11 Der Beschluss des Gemeinderates ist endgültig eine Vergrösserung der Parkplatzfläche steht nicht zur Diskussion.
1.12 Tante Erna senkte die Stimme. Die heutigen Kinder, sagte sie, wissen sich einfach nicht mehr zu benehmen.

Übung 2

Schreiben Sie den Text ab und setzen Sie dabei alle fehlenden Satzzeichen und die nötigen Grossbuchstaben.

> Drei Frauen wollten Wasser holen am Brunnen nicht weit davon sass ein Greis auf einer Bank und hörte zu wie die Frauen ihre Söhne lobten
> mein Sohn sagte die erste ist so geschickt dass er alle hinter sich lässt
> mein Sohn sagte die zweite singt so schön wie die Nachtigall es gibt keinen der eine so schöne Stimme hat wie er
> und warum lobst du deinen Sohn nicht fragten sie die dritte als diese schwieg
> ich habe nichts wofür ich ihn loben könnte entgegnete sie mein Sohn ist nur ein gewöhnlicher Knabe er hat etwas Besonderes weder an sich noch in sich
> die drei Frauen füllten ihre Eimer und gingen heim der Greis ging langsam hinter ihnen her die Eimer waren schwer und die abgearbeiteten Hände schwach deshalb machten die Frauen eine Ruhepause denn der Rücken tat ihnen weh
> da kamen ihnen drei Knaben entgegen der erste stellte sich auf die Hände und schlug Rad um Rad und die Frauen riefen welch ein geschickter Junge
> der zweite sang so herrlich wie die Nachtigall und die Frauen lauschten andachtsvoll und mit Tränen in den Augen
> der dritte Knabe lief zu seiner Mutter hob die Eimer und trug sie heim
> da fragten die Frauen den Greis was sagst du zu unseren Söhnen
> wo sind eure Söhne fragte der Greis verwundert ich sehe nur einen einzigen Sohn
> (Leo Tolstoi: Die drei Söhne)

Übrige Satzzeichen 3

Apostroph

Der Apostroph musste ursprünglich für weggelassene Buchstaben gesetzt werden, sein Gebrauch ist mit der neuen Rechtschreibung jedoch weitgehend freigestellt worden. Die meisten Regelverstösse geschehen heutzutage, indem der Apostroph überbeansprucht wird. Der Apostroph muss gesetzt werden

> beim Genitiv in Eigennamen, die auf Zischlaute (s, ss, x, z, tz) enden:
  Felix' Ansichten, Iris' Angebot
> in grossgeschriebenen Adjektiven, die von Personennamen abgeleitet sind:
  die grimmschen Märchen

Der Apostroph hat **keine** Berechtigung

> wenn eine Präposition mit einem Artikel verschmilzt: zum Schluss, ins Blaue, aufs Dach
> beim Plural (auch bei Abkürzungen): Pizzas, Autos, CDs, KKWs
> bei Genitiven gewöhnlicher Nomen: des Sports, eines Computers
> bei der kürzeren von zwei Wortformen: andre, unsre (statt andere, unsere)
> beim Imperativ: Mach das Fenster auf! Lass das!

Bindestrich

Der Bindestrich wird gesetzt

> wenn bei Zusammensetzungen oder Ableitungen Wortteile eingespart worden sind:
  Vor- und Nachname/Hausfrauen und -männer
> zur Verdeutlichung bei unübersichtlichen Wörtern oder bei Gefahr von Missverständnissen: Naherholungsgebiets-Zufahrt/Bild-Erläuterungen
> bei Zusammensetzungen mit Ziffern: 20-jährig, 50-prozentig, ein 100-seitiges Buch
> bei Zusammensetzungen mit Einzelbuchstaben und Abkürzungen: E-Mail, i-Punkt
> bei Gefügen, die bereits ein Element mit Bindestrich enthalten: E-Mail-Adresse, C-Dur-Tonleiter
> bei Wortverbindungen mit Eigennamen: die Frisch-Inszenierung, die Albert-Haller-Strasse
> bei substantivisch gebrauchten Verbindungen: das «Nicht-wissen-was-tun» (Grossschreibung!)

kein Bindestrich steht

> in normalen Zusammensetzungen und Ableitungen Erlebnisbericht, Taschenbuchausgabe
> wenn nach Abkürzungen und Zahlen nur noch eine Endung folgt: CVPler, 100%ig, drei 17tel, 15fach

Klammern

> Klammern schliessen erklärende Hinweise und Bemerkungen ein: Im 20. Jahrhundert gab es zwei schweizerische Landesausstellungen (1939 und 1964).
> Satzzeichen stehen nach der zweiten Klammer, wenn sie auch ohne den eingeklammerten Teil stehen müssten. Vor der zweiten Klammer stehen Ausrufe- und Fragezeichen, wenn der eingeklammerte Teil sie verlangt: An der Feuerstelle angekommen, entdeckte man (oh Schreck!), dass niemand an die Streichhölzer gedacht hatte.

Übung 1

Setzen Sie die fehlenden Satzzeichen und, wenn nötig, Grossbuchstaben.

1.1 Heute Abend grillen wir Koteletts Kalbs und Schweinsbratwürste

1.2 Für neun 10tel aller Menschen ist die einsteinsche Relativitätstheorie noch heute unbegreiflich

1.3 Dank Fritz Beziehungen bekamen wir Karten für das Musical Evita

1.4 Die man gönnt sich ja sonst nichts Mentalität gewisser Leute artet zeitweise in einen regelrechten Kaufrausch aus

1.5 Unsere Bekannten leben in einer 120m2 Wohnung in der Nähe des Robert Walser Platzes im Stadtzentrum

1.6 Die 3 fache Mutter sagt aus ich habe einen 11, einen 13 und einen 15 jährigen Sohn sie alle sind begeisterte Fussballfans.

1.7 In unserem Büro gibt es mehrere PCs die nicht 100%ig funktionieren

1.8 Die Texte Bertolt Brechts 1898–1956 sind für uns noch heute spannend zu lesen

Übung 2

Schreiben Sie den unten stehenden Text ab. Setzen Sie dabei alle Satzzeichen und die nötigen Grossbuchstaben.

Kniehorn der sich von seiner Grippe erholt hatte winkte entweder breit grinsend aus seinem Packard oder ging freundlich grüssend durch das Dorf in welchem er sehr zur Genugtuung der ansässigen Krämer vermehrt seine Einkäufe tätigte es war Montagabend als Kniehorn am Dorfende auf der Strasse nach Krälligen Verena Andrist überholte die sich ihr Fahrrad nebenher schiebend offenbar auf dem Heimweg befand dass sie unzufrieden war sah man ihr schon von hinten an Kniehorn fuhr den Packard unter die nächste Strassenlampe hielt an und stieg aus warum sie zu Fuss gehe erkundigte er sich sobald sie zu ihm aufgeschlossen hatte die Kette ist gerissen schimpfte Verena ihre Augen blitzten entrüstet und ihr vor Ärger erhitztes Gesicht sah zum Verlieben hübsch aus vorige Woche habe ich einen Nagel erwischt gestern ist die Lampe futsch gegangen und jetzt das es ist zum Haaröl zum Haaröl was schmunzelte Kniehorn Aba es ist ja gleich sie hob das Velo unsanft am Lenker hoch und liess es wieder auf das Vorderrad fallen in diesem Augenblick merkte Kniehorn dass Verena blaue Augen hatte schwarze Haare und blaue Augen fand er war etwas ganz Apartes Wenn Sie Ihr Fahrrad so unsanft behandeln müssen Sie sich nicht verwundern wenn es kaputtgeht frotzelte er und wenn Sie glauben mich schulmeistern zu müssen können Sie mich geradesogut duzen gab Verena zurück

(Aus: Alexander Heimann: «Dezemberföhn», S.100/101)

Übung 3

Schreiben Sie die beiden Fabeln ab und setzen Sie dabei alle fehlenden Satzzeichen und die nötigen Grossbuchstaben.

Eine Elster flog in den Zweigen eines Baumes umher und schwatzte unaufhörlich ein Rabe sass nachdenklich auf einem Ast und hörte zu endlich fragte die Elster warum bist du so nachdenklich mein Freund glaubst du vielleicht nicht was ich erzähle nicht alles erwiderte der Rabe wer so viel schwatzt wie du wird immer etwas dazu lügen

(Aus Russland: Die Elster und der Rabe)

Eine Kuh die beim besten Willen zu alt zum Milchgeben war wurde an einen Schausteller verkauft dem sie das Karussell ziehen sollte der aufstieg beginnt sagte sie

(Wolfdietrich Schnurre: Die Verkannte)

Rechtschreibung, Bedeutung, Anwendung

Beispiel:
***Individuum,* das (= Einzelperson); die Indivi*duen* – individuell leben**

Wortbildung

Wörter

Wortarten: Nomen

> Eigene Zusammenfassung

Wortarten: Pronomen

> Eigene Zusammenfassung

Wortarten: Verb – Arten, Modalverben, Stammformen, Zeiten

Satzlehre: Satzglieder

Zeichensetzung: Das Komma

Grammatische Fachbegriffe

absolutes Verb	Verb ohne Objekt	blühen, schlafen
Adjektiv	Eigenschaftswort	ein **neues** Haus, das Haus ist **neu**
Adverb	Umstandswort	Er arbeitet **sehr** sorgfältig.
> lokal	> des Ortes	Wir bleiben **hier**.
> temporal	> der Zeit	Sie wird **bald** abreisen.
> modal	> der Art und Weise	Er ist **äusserst** vorsichtig.
> kausal	> des Grundes	**Darum** habe ich sie nicht gefragt.
Adverbiale	Umstandsbestimmung	Wir sind **schon zwei Stunden** hier.
Akkusativ	Wenfall	Ich habe **den Bus** verpasst.
Aktiv	Tatform	Die Firma liefert die Ware.
Antonym, das	Wort mit Gegenbedeutung	Wahrheit/Lüge; reich/arm; oben/unten
Apostroph, der	Auslassungszeichen	Bist **du's** gewesen? (du es)
Apposition	erklärender Zusatz	Frau Arn, **die Chefin**, ist im Ausland.
Artikel	Begleiter des Nomens	**der** Apfel, **ein** Apfel
> bestimmt	> der, die, das	
> unbestimmt	> ein, eine	
Attribut	Satzgliedteil	Der **neue** Spieler kommt zum Einsatz.
Dativ	Wemfall	Dieses Buch gehört **mir**.
Deklination, deklinieren	Veränderung nach dem Fall	**den** hungernden Kinder**n** helfen
Demonstrativpronomen	hinweisendes Fürwort	**dieses** Auto, **jene** Personen
Denotation	eigentliche Wortbedeutung	Esel (= **das Tier**)
Diminutiv	Verkleinerungsform	das Bäum**chen**, das Tisch**lein**
Diphthong	Doppellaut oder Zwielaut,	**ei, ai, au, äu, eu**
direkte Rede	wörtlich wiedergegebene Rede	«Ich stimme dafür.»
Ellipse	verkürzter (unvollständiger) Satz	**Endlich. Eigentlich nicht. Bald.**
Fälle	die vier Fälle	**Nominativ, Akkusativ, Dativ, Genitiv**
feminin	weiblich, grammat. Geschlecht	**die** Frau
Flexion, die	Oberbegriff für Deklination	
Futur I	Zukunftsform I	Das Spiel **wird** bald **beginnen**.
Futur II	Zukunftsform II, Vorzukunft	Das Spiel **wird begonnen haben**.
Genitiv, der	Wesfall	Wir sind uns **des Risikos** bewusst.
Genus	Geschlecht beim Nomen	**maskulin, feminin, neutrum**
Hauptsatz	unabhängiger Satz	Gestern hat es stark geregnet.
Hilfsverb	sein, haben, werden	Sie **haben** alles abgestritten.
Homonym, das	gleichlautendes Wort	**die Note** (Geld, Musik, Schule)
Imperativ	Befehlsform	**Rennen Sie weg!**
Imperfekt	Vergangenheitsform (Präteritum)	Sie **fuhren** gestern in die Ferien.
Indefinitpronomen	unbestimmtes Fürwort	**jemand, etwas, alle, man, nichts …**
Indikativ	Wirklichkeitsform	Der Täter ist gefasst.
indirekte Rede	Rede in indirekter Form	**Sie seien alle unschuldig**, sagte er.
Infinitiv, der	Grundform des Verbs	**lesen, haben, können, bearbeiten …**
Infinitivsatz	Nebensatzart	Es ist sinnlos, **alles abstreiten zu wollen**.
Interjektion	Empfindungs-/Ausrufewort	**Ach! Psst. Wau! …**
Interpunktion	Zeichensetzung	Punkt, Komma, Apostroph u. a.
Interrogativpronomen	Fragefürwort	**Wer? Was? Wann? Wer? Wozu?** …
intransitives Verb	Verb mit Dativ-/Genitivergänzung	**bleiben, helfen, gedenken** …
Kasus, der	Fallform	**Nominativ, Akkusativ, Dativ, Genitiv**
Komparativ	Vergleichsstufe des Adjektivs	London ist **grösser** als Berlin.
Konjugation, konjugieren	Verb nach Person und Zeit ändern	ich schreib**e**, du schreib**st**, wir schrieb**en**
Konjunktion	Bindewort	**und, wenn, weil, denn, dass …**
Konjunktionalsatz	Nebensatz mit Konjunktion	Melde dich, **wenn** du **ankommst**.
Konjunktiv I	Möglichkeitsform I	Man sagt, er **sei** krank.
Konjunktiv II	Möglichkeitsform II	Das **wäre** sicher besser gewesen.
Konnotation	zusätzliche Wortbedeutung	Esel (= **dummer Mensch**)
Konsonant	Mitlaut	**s, t, m, n, q, p** …
maskulin	männlich, grammat. Geschlecht	**der** Mann
Modalverb	Verb der Art und Weise	**dürfen, können, wollen, sollen** …

Modus	Aussageart des Verbs	**Indikativ, Konjunktiv, Imperativ**
Nebensatz	abhängiger Satz	Sie glaubt, **dass er lügt**.
Neutrum	sächlich, grammat. Geschlecht	**das** Gebäude
Nomen	Substantiv, Namenwort	**Tür, Telefon, Hund, PC …**
Nominativ	Werfall	**Die Firma** wurde verkauft.
Numerus	Singular/Plural (Einzahl/Mehrzahl)	
Objekte	Satzglieder	
> Akkusativ-Objekt	> im Wenfall	Man hat **ihn** gefunden.
> Dativ-Objekt	> im Wemfall	Sie haben **ihr** zugehört.
> Genitiv-Objekt	> im Wesfall	Wir sind uns **der Gefahren** bewusst.
> präpositionales Objekt	> Objekt mit Präposition	Wir sind stolz ***auf* ihn**.
Orthografie	Rechtschreibung	
Partikel, die	nicht veränderbares Wort	**schon, nicht, ja, fast, kaum …**
Partizip I	Mittelwort I	**lachend, gehend, redend …**
Partizip II	Mittelwort II	**gelacht, gegangen, geredet …**
Passiv	Leideform	Die Ware **wird** von der **Firma geliefert**.
Perfekt	Vorgegenwart	Er **ist** soeben **gegangen**.
Personalpronomen	persönliches Fürwort	**ich, du, er, sie, es, ihn, ihm, ihr …**
Plural	Mehrzahl	ein Blatt – **zwei Blätter**
Plusquamperfekt	Vorvergangenheit	Ich **hatte** schon oft Glück **gehabt**.
Positiv	Grundstufe des Adjektivs	**gut** – besser – am besten
Possessivpronomen	besitzanzeigendes Fürwort	**mein** Buch, **ihre** Karte, **sein** Glas
Prädikat	Satzaussage, verbale Teile	Wir **haben** uns viel **vorgenommen**.
Präfix	Vorsilbe	**ab**machen, **be**stehen, **un**bestimmt …
Präposition	Verhältnis- oder Vorwort	**auf** den Dienstag, **nach** Bern, **im** Taxi
Präsens	Gegenwartsform	Wir **arbeiten** den ganzen Tag.
Präteritum	Vergangenheitsform	Sie **fuhren** gestern in die Ferien.
Pronomen	Fürwort	**wir, sie, alle, der, viel, ihr …**
reflexives Verb	rückbezügliches Verb	**sich wohlfühlen, sich erinnern, sich schämen …**
Reflexivpronomen	rückbezügliches Fürwort	Wir freuen **uns**. Damit schadet er **sich**.
Relativpronomen	bezügliches Fürwort	Hier ist das Buch, **das** du gesucht hast.
Relativsatz	Nebensatz mit Relativpronomen	Ich weiss nicht, **wen du meinst**.
Satzgefüge	Haupt- und Nebensatz (-sätze)	Sie weiss, dass wir auf sie warten werden.
Satzglied	verschiebbarer Satzteil	
Satzverbindung	Mehrere Hauptsätze	Ich bleibe hier und du gehst in die Stadt.
Silbe	Wortbestandteil	
> Präfix	> Vorsilbe	**ver**-kaufen, **zer**-legen, **un**-heimlich
> Suffix	> Nachsilbe	freund-**lich**, sieg-**los**, Land-**ung**
> Stammsilbe	> Hauptsilbe	be-**sieg**-en, ver-**lauf**-en, ver-**stell**-bar
Singular	Einzahl	Bäume – **Baum**; Kleider – **Kleidungsstück**
Stammformen	Infinitiv – Präteritum – Partizip Perfekt	laufen – lief – gelaufen
Subjekt	Satzgegenstand, im Nominativ	**Die Gäste** treffen ein.
Substantiv	Nomen, Namenwort	**Tür, Telefon, Hund, PC …**
Suffix	Nachsilbe	Buch**ung**, abwasch**bar**, nachdenk**lich**
Superlativ	Höchststufe des Adjektivs	Er hat die **schnellste** Zeit gelaufen.
Synonym	bedeutungsgleiche Wörter	Adresse/Anschrift; Velo/Fahrrad
Tempus	grammatische Zeit beim Verb	geht, ist gegangen, wird gehen, ging …
transitives Verb	Verb mit Akkusativergänzung	Gestern **traf** ich **einen alten Freund**.
Umlaut	Vokal mit Umlautzeichen	**ä, ö, ü**
Verb	Zeitwort, «Tätigkeitswort»	**gehen, denken, schlafen, staunen …**
Vokal	Selbstlaut	**a, e, i, o, u**
Zahlpronomen	Zahlfürwort, Numerale	**eins, zwei, drei; erstens, zweitens …**

Alex Bieli, Ruedi Fricker

Deutsch Kompaktwissen
Band 2 – Textsorten, Stilistik

«Deutsch. Kompaktwissen. Band 2» richtet sich an Lernende der Sekundarstufe II, aber auch an Erwachsene. Es kann eingesetzt werden sowohl im Unterricht der beruflichen Ausbildung, in Aus- und Weiterbildungskursen im Rahmen der Erwachsenenbildung als auch zum Selbststudium. Wie der erste Band ist auch dieses Lern- und Lehrmittel thematisch aufgebaut. Im ersten Teil sind die wichtigsten Textsorten des schulischen, beruflichen und privaten Alltags dargestellt. Der zweite Teil gibt wichtige Hinweise zur Stilistik, mit vielfältigen Übungen zum jeweiligen Thema. Die Lösungsvorschläge des Autorenteams im Anhang dienen zum Vergleich mit den eigenen Lösungsideen. «Deutsch. Kompaktwissen. Band 2» wurde konzipiert für einen gezielten modularen Einsatz, und zwar im Unterricht als auch im Selbststudium. Damit wird die erforderliche Schreibkompetenz zum richtigen Zeitpunkt aufgebaut mit dem Ziel, im persönlichen Sprachhandeln sicherer, gewandter und erfolgreicher zu agieren.

Zielgruppen: Lernende Sekundarstufe II, Erwachsene in der beruflichen Aus- und Weiterbildung

Paul Ott, Hartmut Simon, Daniel Haudenschild

Deutsch
Schreiben – Lesen und Verstehen – Sprechen – Grammatik

Dieses Lehr- und Lernmittel vermittelt sprachliches Grundlagen- und Aufbauwissen. Es ist aus der Unterrichtspraxis entstanden und bietet Arbeitsmaterialien für die Lernenden. Die einzelnen Kapitel sind voneinander unabhängig zu bearbeiten. Das Schreiben wird mittels einer Auswahl von interessanten Beispielen zu den wesentlichen Textsorten sowie in einer Schreibwerkstatt behandelt. Wortschatz und Stil werden ebenfalls thematisiert. Das Kapitel «Lesen und Verstehen» umfasst neben Informationsbeschaffung auch Arbeitstechnik und Grundlagen der Textinterpretation, Angaben zu literarischen Textsorten sowie Hintergrundwissen zur Sprach- und Literaturgeschichte. Unter der Rubrik «Sprechen» stehen Grundlagen der Kommunikation und Schweizerdeutsch im Zentrum. Die deutsche Grammatik wird auf unkomplizierte Art erklärt. Zahlreiche Übungen erleichtern das Lernen. Dies gilt für die fünf Wortarten ebenso wie für Satzbau und Rechtschreibung.
Im dazugehörigen Handbuch finden die Lehrpersonen neben kurzen Angaben zum Aufbau des Buches vor allem die Lösungen zu den Übungen und ausserdem weitere Lernzielkontrollen, die fotokopiert und im Unterricht eingesetzt werden können.
Auf dem Internet können weitere Übungen und Zusatzdokumente gratis heruntergeladen werden.

Zielgruppen: Lernende ab 10. Schuljahr inkl. Berufsschulen, Personen in der Aus- und Weiterbildung

235 Seiten, A4, broschiert

Handbuch für Lehrerinnen und Lehrer
184 Seiten, A4, broschiert

Ursula Rohn Adamo,
Christine Zumstein Regolo

Leben in der Schweiz
Deutsch-Lernbuch für die Basisstufe

«Leben in der Schweiz» richtet sich an Deutsch Lernende, welche erste elementare Kenntnisse erwerben wollen. In der Einführung werden einfache Redemittel erarbeitet, welche für eine erste Kontaktaufnahme mit Deutsch Sprechenden notwendig sind. Alltagsbezogener Wortschatz, Basisstrukturen, Alltagsinformationen werden anschaulich und einfach vermittelt und regen zu selbstständigem Lernen an. Der Wortschatz wird mit reichhaltigem Bildmaterial eingeführt, sodass auf Übersetzungen in die Muttersprache verzichtet werden kann.

Zielgruppe: Sprachanfängerinnen und Sprachanfänger, die den Erwerb von Deutsch «Standard Schweiz» zum Ziel haben. Die Lernbücher eignen sich speziell für eher lernungewohnte Personen, können aber auch für das Selbststudium eingesetzt werden.

141 Seiten, A4, broschiert

Hugo Caviola

In Bildern sprechen
Wie Methapern unser Denken leiten

Dieses neuartige Lehrmittel verfährt fächerübergreifend, indem es Sprachreflexion auf Wissensgebiete ausdehnt, die gewöhnlich ohne sprachkritische Betrachtung bleiben, so etwa die Sprache der Biologie oder der Wirtschaft. Es erweitert den Sprachunterricht interdisziplinär, ohne zwingend auf Teamteaching angewiesen zu sein.
Der bewusste Umgang mit Metaphern schärft die Wahrnehmung von Analogien zwischen inhaltlich getrennten Bereichen. Er leitet Lernende somit zum «vernetzten Denken» an, wie es die gymnasialen Bildungs- und Lehrpläne heute fordern.

Zielgruppen: Sekundarstufe II (gymnasiale Oberstufe, Fachhochschule), für den Einsatz im Deutsch-, Philosophie- und Geschichtsunterricht. Möglichkeit zur fächerübergreifenden Vernetzung mit Biologie, Wirtschaft und weiteren Wissensgebieten.

154 Seiten, A4, broschiert

Heinz Hafner, Philippe Horak, Ursula Kuster, Luzian Spescha

Französisch Repetitorium Grammatik

Diese Publikation eignet sich sowohl als Lehrmittel als auch zur Vorbereitung von Mittelschulabschlüssen. Die einzelnen Kapitel des Repetitoriums gliedern sich in die Bereiche theoretische Einführung, verschiedene Übungssätze und -texte, leichte Übersetzungsübungen, Fragen zur Theorie und Lernspiele. Im Zentrum stehen diejenigen Bereiche, die erfahrungsgemäss am meisten Mühe bereiten. Die Übungen können zudem selbstständig mit der CD-ROM am Computer gelöst werden.
Die Lern- und Übungsinhalte sind weitgehend auf das europäische Sprachenportfolio abgestimmt.

Zielgruppen: Sek II, Selbststudium

170 Seiten, A4, broschiert
und CD-ROM

Heinz Hafner, Philippe Horak, Ursula Kuster, Luzian Spescha

Französisch Repetitorium Grammatik

Handbuch für Lehrpersonen
30 Seiten, A4, broschiert

Pascal Frey (Hrsg.)

Was lesen?
Ein Lexikon zur deutschen Literatur

In rund 500 leicht lesbaren Einführungen werden in «Was lesen?» die Hauptwerke der deutschen Literatur ab 1700 vorgestellt, aber auch Werke, die man in anderen Lexika noch vergebens sucht.
Der Anhang bietet eine ganze Reihe von Verzeichnissen, die helfen, schnell und leicht das Buch zu finden, das man schon immer gesucht hat. Kernstück ist das Sachregister, das einen thematischen Zugang zu den Werken erlaubt.

Zielgruppen: Studentinnen und Studenten ab der Sekundarstufe II und Lehrerinnen und Lehrer, die vor einer Literaturauswahl stehen.

320 Seiten, 15,5 x 22,5 cm, broschiert

2., erweiterte Auflage
Zusätzliche Gedichtbesprechungen und eine Auswahlhilfe für die Weltliteratur finden Sie unter www.hep-verlag.ch

Deta Hadorn-Planta

Envie de lire – mais *que* lire?
155 propositions de lecture

Envie de lire – mais que lire?: Que lire? Comment s'y retrouver dans le choix prodigieux de livres proposés par les librairies ou les bibliothèques? Ce répertoire s'adresse aux étudiantes et aux étudiants du secondaire II, mais aussi à leurs professeurs ou à toute personne en quête de lecture. Il propose 155 titres abordant des thèmes variés, de niveaux de difficultés différents et contient des œuvres publiées dans toute la francophonie depuis la deuxième guerre mondiale jusqu'à aujourd'hui. Après la présentation alphabétique des titres, plusieurs index (thématiques, origine des écrivains, traductions, versions cinématographiques) facilitent les recherches.

180 pages, 15,5 x 22,5 cm, broché

Suzanne Fankhauser, Katharina Räber, Pierre Schluep, Gabriela Schüpbach, Peter Egger

Korrespondenz
Die Grundlagen

Aktuell, praxis- und handlungsorientiert, modern, ansprechend, farbig: Das sind die Attribute, die dieses Lehrmittel für Korrespondenz auszeichnen. Die Autorinnen und Autoren sind echte Profis und verfügen über jahrelange Unterrichtserfahrungen an kaufmännischen Berufsschulen, Handelsschulen und/oder erteilen Kurse zur beruflichen Weiterbildung. Das kurz und knapp gehaltene Werk basiert auf den Regeln und Normen des SKV und vermittelt in einer einfachen und klaren Sprache das wesentliche Grundwissen einer zeitgemässen, ökonomischen und effizienten Korrespondenz.
Auf dem Internet unter www.hep-verlag.ch/mat/korrespondenz können Zusatzmaterialien und weitere Briefbeispiele gratis heruntergeladen und ausgedruckt werden.

Zielgruppen: Lernende an kaufmännischen Berufsschulen und an Institutionen der Erwachsenenbildung, Lernende im Selbststudium

101 Seiten, A4, broschiert